고사성어 문화답사기

2

고사성어

섬서·산서 편

문화답사기 2

강영매 지음

B 범우

《고사성어문화답사기》1 하남·산동편을 출간한 지 1년이 되었다. 2권을 준비하면서 1권보다는 좀 더 내실있는 내용을 담아야겠다는 염원으로 1년을 지냈지만 그래도 미진함이 남는다.

1993년, 처음 중국 대륙을 방문하였으니 어느덧 20여 년이 가까워 온다. 대만 유학시절까지 합치면 20여 년이 훌쩍 넘는다. 처음에는 중국의 대도시를 다녔지만 2005년 1월, 하남성의 은허 유적지에 섰을 때 '맥수지가'의 이야기를 떠올리고 전율을 느꼈다. 바로 이곳에서 그 망국의 한을 담은 노래가 나왔단 말이지? 수천년 이후, 은허에 있던 사람들은 백골이 되어 우리와 마주하였으나 당시에도 흘렀다는 원강은 아직도 유유히 흐르고 있었다. 처연한 은허의 분위기를 절절히 느끼면서 고사성어와 연결된 지역들에 관심을 갖게 되었다. 귀국하자마자

원고를 준비하여 2005년 4월호 《책과인생》에 연재하기 시작하여 지금에 이르고 있다. 그리고 연재한 이야기를 묶어서 《고사성어 문화답사기》1,2권을 출간하게 되었다.

작고 초라하지만 옛날의 이야기가 있는 곳, 옛사람들의 숨결이 머무는 곳에 서면 이야기 속의 주인공들이 속살거리는 듯한 착각에 빠져들곤 하였다. 기왓장 하나에도 벽돌조각 하나에도 의미가 스며 있는 것 같았다. 이곳에 얼마나 많은 사람들의 사랑이, 배반이, 질투가 그리고 죽음이 깃들어 있는지, 그곳에 사는 사람은 무심한데 이웃 나라에서 온 이방인이 그 잔영을 찾아서 발걸음을 재촉하곤 하였다.

본서에서는 섬서성과 산서성에 관련된 고사성어와 함께 문화와 역사를 살펴보았다. 물론 〈중국의 4대 미녀〉 같은

경우는 이들 지역과 관계없는 서시나 왕소군의 이야기지만 내용 전개상 같이 묶었다.

이 책에 실린 지역은 직접 찾아간 곳이 대부분이지만 시간 관계상 스쳐 지나온 곳도 있다. 다음에 다시 와야지 하면서 아쉬운 발걸음을 돌렸지만 워낙 외진 곳이 많아 실행하기는 어려울 듯싶다.

2편에서도 역시 중국의 지명과 인명은 한국발음으로 하였다. 본서의 내용이 주로 역사적인 관계도 있지만 우리가 수백 년 간 써온 한국식 표기를 버린다는 것에 주저가 된다. '원음주의'를 주장하는 학자도 있지만 서양에서는 대체할 발음이 없으니 중국 원음으로 밖에 쓸 수 없지만 우리에게는 어떤 한자라도 한글로 적을 수가 있기 때문이며 이것이 우리에게 너무도 익숙하기 때문이다.

본서에 나오는 섬서陝西와 산서山西를 중국어로 표기하면 모두 발음이 같은 산시shanxi 가 된다. 이 둘 차이는 성조 차이일 뿐이다. 섬서는 shǎnxi 라고 3성으로 읽어야 하고, 산서는 shanxī 라고 1성으로 읽는다. 이를 한국사람이 어찌 알아서 구분할 것이며 뭐하러 복잡하게 구분할 필요가 있을까 싶다. 그냥 섬서와 산서라고 하면 우리가 읽기에는 훨씬 편하다. 중국어 발음 표기에 대해선 여러 가지 학설이 분분하지만 국가의 자존을 세우면서 표기할 수 있는 좋은 방법이 나오기를 기대한다.

《고사성어 문화답사기》1 하남·산동편은 그동안 분에 넘치게 독자분들의 사랑을 받았다. 앞으로도 더 좋은 글을 쓰기 위하여 노력하겠다는 약속을 드림으로써 감사함을 표하고 싶다.

2010년 4월

姜 哞姝

차례

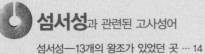

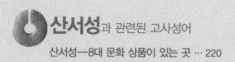

산서성과 관련된 고사성어

산서성—8대 문화 상품이 있는 곳 … 220

고사성어 — 문화 콘텐츠의 보고

고사성어는 유구한 중국 문화 속에서 생겨난 옛사람들의 지혜의 결정체이며 언어 속의 찬란한 보석과도 같다. 고사성어는 사람들이 오랜 기간 동안 사용하여온 역사적 원류가 있는 어휘로서, 탄생할 때부터 정형화될 때까지 수차례의 선택과 정련을 거쳐 오늘날의 의미로 정착되었다. 지금까지 그 생명력을 갖고 존재하는 고사성어는 곧 언어 속의 활화석과 같아, 우리가 중국 문화를 연구할 때 풍부한 소재를 제공해 준다.

또한 성어는 고정된 구성 형식과 조직 성분을 갖고 있어 특정한 함의가 내포되어 있고, 문법적으로는 정형화된 어휘나 단문을 이루고 있으며, 보통의 어휘들에 비하여 폭넓은 정보력을 담고 있다. 어휘의 정보력이 클수록 문화를 담는 그릇도 크기 때문에 더욱 완전한 중국의 문화적 함의가 내포되어 있다. 그러므로 우리는 고사성어를 통하여 중국 역사, 중국 문화와 중국 민족의 독특한 심리 구조, 사유 방식, 심미안과 가치 체계를 살펴볼 수 있다.

고사성어의 형식

고사성어는 대부분 4자의 단음절어 위주다. 고사성어는 4자 성어가 대부분이지만 '완벽', '기우', '계륵', '지음'과 같은 2자 성어, '등용문', '백안시', '고육책', '기린아'와 같은 3자 성어도 있으며, 8~9자의 긴 것도 있다. 또한 각 성분은 대칭 위주로 되어 있고 평측, 첩운,

첩용 등의 형식을 지니고 있다. 또한 일반적으로 출처가 있으며, 글자 뜻으로 이해가 되는 것도 있지만 그 유래나 전고典故를 알아야만 이해할 수 있는 것도 있다. 예를 들면 '조삼모사'나 '지록위마'등이 그것이다.

우언 · 신화 · 역사 고사성어

중국의 고사성어는 그 수가 헤아릴 수 없을 정도로 많다. 우리나라에서 자주 쓰이는 고사성어가 있는가 하면, 어떤 고사성어들은 중국에서만 자주 쓰인다. 중국에서는 이 수많은 고사성어를 일반적으로 우언寓言 고사성어 · 신화 고사성어 · 역사 고사성어로 분류한다.

우언 고사성어로는 '수주대토', '각구주검', '엄이도령', '화사첨족' 등이 있고, 신화 고사성어로는 '여와보천', '대우치수', '항아분월' 등이 있다.

역사 고사성어의 숫자가 가장 많고, 또 여기에는 그 이야기에 얽힌 인물이 있다. 우리에게 잘 알려진 역사 고사성어로 예를 들면 다음과 같은 것들이 있다(괄호 속에 들어 있는 것은 그 이야기에 얽힌 인물이다).

지록위마(조고), 배수일전(한신) 철면무사(포청천), 불치하문(공자), 구우일모(사마천), 완벽귀조(인상여), 분서갱유(진시황), 일자천금(여불위), 와신상담(구천), 삼고초려(유비), 사면초가(항우) 등이 있다.

고사성어와 중국 문화

고사성어는 중국 문화를 반영하고 있어 다각도로 연구해 볼 수 있다. 중국 문화는 사람과 자연, 사람과 사회, 사람과 사람과의 관계라는 세 개의 기본적인 내용을 담고 있다. 문화 현상에 대한 깊이 있는 고찰은 언어 연구와 밀접한 관계가 있다. 바꾸어 말하면 언어 연구는 곧 문화 함의의 발굴 탐색과 불가분의 관계에 있다는 것이다.

문화적 각도에서 언어를 배울 수도 있고, 언어를 통하여 문화를 배울 수도 있다. 또한 정신문화와 물질문화 두 가지

측면에서 성어 속의 문화적 함의를 살펴볼 수도 있다.

1. 정신문화를 반영한 고사성어

정신문화 속에는 중국 민족이 장기간의 역사 발전 과정 속에서 점진적으로 형성해 온 사유 방식과 가치 관념, 제도문화도 포함된다.

유가 사상은 몇천 년간의 봉건사회 속에서 줄곧 통치적 지위를 점하였다. 그래서 성어 중에 유가 사상에 기초를 둔 것이 많이 있다. 많은 성어가 유가적 문화 속에서 사람의 품격 수양과 윤리 원칙을 강조하고 있다. 예컨대 '자강불식', '견의용위' 등이 그것이다.

도교와 불교 학설도 중국 문화의 중요한 구성 요소다. '청정무위', '화복상생' 등은 도가의 출가 사상과 독특한 철학사변을 반영하고 있다. '백척간두', '설상가상', '단도직입' 등은 불교 교리와 이론의 표현 방식이다.

각종 제도, 즉 혼인 제도, 교육 제도, 법률 제도 및 풍속, 미신, 금기 등과 관련된 성어도 많다. '발분망식', '위편삼절', '정문입설' 같은 학문을 강조하는 고사성어도 아주 많다.

고사성어는 또 중국의 문학, 회화, 음악, 무용, 희곡, 서예 등 예술 형식도 반영하고 있다.

2. 물질문화를 반영한 고사성어

물질문화는 정신문화와 비교할 때 비교적 구체적이며 직관적이다. 정신문화가 심층적이라면 물질문화는 표층적이다. 수많은 고사성어가 직접 중국인의 생활 방식과 생활 내용을 반영하고 있다. 음식과 관련된 '단사표음', 의복과 관련된 '죽장망혜', '형차포군', 견고한 성벽을 나타내는 '금성탕지'와 같은 것들이 그것이다. 또 중국인의 생활 주변에서 자주 볼 수 있는 식물들인 소나무·매화·버드나무·난초·연꽃 등과 관련된 성어도 많은데, 그중에서도 특히 대나무와 관련된 것이 많다. 대나무는 중국인들의 의식주에서 아주 중요하기 때문이다. '우후죽순', '파죽지세' 같은 것이 바로 그것이다. '묘수회춘', '병입 고황' 같은 중의학과 관련된 것도 있다.

동물을 소재로 한 성어도 아주 많다. 어떤 동물들은 상징성을 나타내는데, 중화 문화 속의 용과 봉황, 기린은 아주 신기한 동물 형상이다. 이것들은 고귀함, 권위를 나타내므로 사람들에 의해 무척 존중되어 왔다. 성어 속의 다른 동물들의 상징 역시 중국 문화의 풍부한 내용을 나타낸다. 예를 들면 거북이나 학은 장수를 나타내고, 호랑이나 표범은 용맹을 나타내며, 이리나 승냥이는 독하고 욕심 많은 것을 나타낸다. 또한 여우나 토끼, 개나 말 등이 들어간 성어도 종종 일종의 함의를 나타내는데, 포폄이 제각기 다르다.

성어는 또한 독특한 산천·정원·교통·기후 등 각 방면의 특색도 지니고 있다. 이리하여 지리적 명칭을 지닌 성어들도 있다. 그래서 성어를 익히게 되면 또한 중국의 지리도 자연히 알게 된다. 예를 들면 '낙양지가', '경위분명',

'오우천월', '여산진면목' 등이 그것이다. 이처럼 고사성어는 중국인의 일상생활과 불가분의 관계에 있다.

길게는 수천 년, 짧게는 수백 년 전에 만들어진 고사성어가 시공간을 뛰어넘어 아직도 쓰이고 있는 것을 보면 언어의 생명력에 숙연함을 느끼게 된다. 고사성어를 통하여 우리는 중국 문화와 중국인의 심성을 더욱 잘 이해할 수 있고, 또 그것에 의해 우리의 언어생활도 풍부해질 것이다.

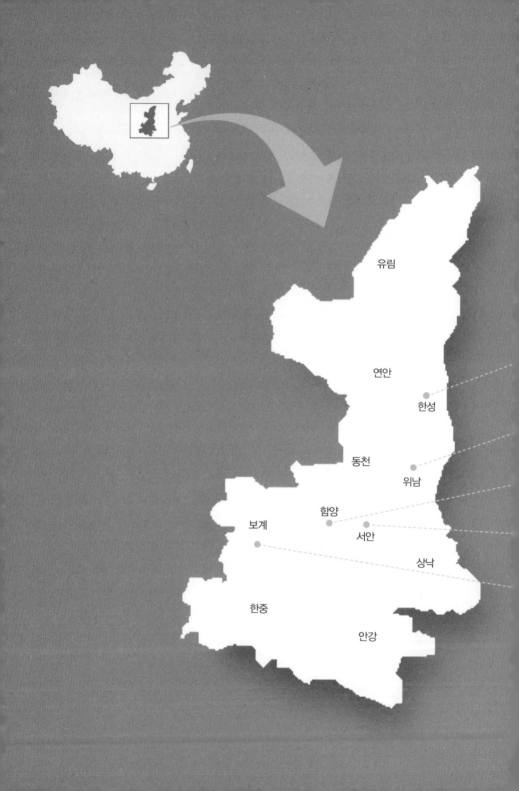

유림

연안

한성

동천

위남

함양

보계

서안

상낙

한중

안강

섬서성과
관련된 고사성어

섬서성

13개의 왕조가 있었던 곳

섬서성은 간단히 섬陝 혹은 진秦이라고 부른다. 진시황의 진나라가 이곳에 있었으며 많은 역대 왕조들이 도읍을 정하였던 곳이다.

진秦의 갑골문을 보면 위에는 두 손으로 절구공이를 들고 양식을 빻는 모습이고 아래는 두 개의 벼 화禾자가 있는데 이는 빻은 곡식이 좋다는 표시다. 이런 글자가 생긴 것으로 보아 이 지역이 곡식이 잘 되었고 농업을 하기에 적당한 땅이었음을 알 수 있다. 그래서 곡식이 잘되는 이 지역이 진이라는 부락명도 되고 후에는 나라 이름도 되었다. 한나라 때는 서역의 여러 나라들이 중국을 지칭할 때에 진(qin)이라고 불렀는데 이는 지금 중국의 영어 표기인 china의 기원이라는 학설도 있다.

섬서성은 중국의 남북과 동서를 관통하고 있으며 중국 지리의 중심부에 위치한다. 서안을 중심으로 하는 섬서성은 중국역사상의 정치 중심지였다. 주周나라, 진秦나라, 한나라, 서진西쯤, 수나라, 당나라, 대하大夏 등 13개 왕조가 이곳에 도읍을 정하였는데 그 기간은 장장 1180년에 달한다. 그밖에도 유현·적미·황소·이자성이 농민의거를 일으키고 정권을 수립한 곳도 섬서성이다. 또한 근대 중국혁명사에서도 아주 중요한데, 1935년에 홍군이 이곳에서 장정을 시작하여 연

진秦 글자의 변천 과정

안에서 혁명을 지휘하였다. 모택동은 섬서성에서 13년간 중국 혁명을 영도하였으며 항일전쟁과 해방전쟁의 승리를 거두었다.

섬서성은 황하유역과 한강 중상류지역에 있으며 중화문명 발상지의 한 곳이기도 하다. 대략 80만년 전에 초기 인류인 남전인藍田人이 탄생한 지역이며 남전인은 현재 중국에서 발견된 가장 초기의 완벽한 원인 두개골화석을 갖고 있다. 1953년에 발굴된 서안 반파유적지는 약 6, 7천년전 모계씨족사회의 촌락모습을 보여주고 있다. 또

섬서성 유적지

한 중화민족의 시조라고 하는 황제릉도 있다.

중국의 역대 왕조가 섬서성의 함양과 장안(서안)에 수도를 정하였기 때문에 이 곳은 역사문화 유산이 풍부하다. 서안은 중국 6대 고도의 하나로 2천년 전에 장안은 실크로드의 출발점이었다. 당나라 때 장안은 한국과 일본과도 밀접한 관계가 있다.

섬서성의 문화유적지는 모두 5등급으로 나누어서 보호되는데 실은 섬서성 전체

가 유적지와 박물관이라도 해도 과언이 아닐 정도다. 한중시의 포사도석문 및 마애석각, 서안시의 대안탑, 소안탑, 홍교사탑, 서안성벽, 서안비림, 약왕산석각, 반파유적지, 풍호유적지, 장안성유적지, 대명궁유적지, 임동의 진시황릉 등은 섬서성의 고대문화를 증명해주고 있다. 현재도 개발이 진행되고 있는 진시황 병마용갱은 거대한 지하 조각예술의 보고이자 당시의 예술수준을 반영하고 있다. 그 밖에 무릉茂陵(한무제 유철 묘), 소릉昭陵(당태종 이세민 묘), 건릉乾陵(당 고종 이치와 무측천 합장묘), 순릉順陵(무측천의 어머니 양씨 묘), 곽거병藿去病 묘 등이 있다. 연안시의 연안혁명유적지도 빼놓을 수 없다.

섬서성은 또 역사가인 사마천·반고·반소, 당대시인 왕유·백거이·두목, 서예가 유공권과 안진경, 화가인 염입덕·염입본, 훈고학자 안사고 등을 배출하기도 하였다.

연안 혁명관과 모택동 동상

섬북 – 변경문화

섬서성은 섬북陝北, 관중, 섬남陝南 세 지역으로 분류되는데 섬북지방은 '홍색의 성지'라고 불리며 중국의 혁명성지다. 모택동과 공산중앙당 혁명가들은 이곳에서 13년 간의 전투를 벌였으며 혁명문물 및 혁명기념지 등을 남기고 있어 혁명의 정신적 장소다. 중국 전역에 혁명문물은 140여 곳에 이르는데 그중 가장 중요한

모택동과 주은래 주거지에 관한 소개

연안에서 모택동과 주은래가 거주했던 집

것이 연안시에 있다. 또한 안새安塞·오기吳起·자장子長 현 등에도 혁명유적지가 있다. 섬북지역은 상나라 때부터 귀방鬼方·백적白狄·흉노·선비·저低·돌궐突厥·당항黨項·강羌·여진 등 소수민족들이 역사무대에 나타났다가 사라진 곳이기도 하다. 그래서 이 지역은 일찍부터 소수민족들이 융합하고 교류하여 한문화 이외도 북방 초원문화 등 소수민족 문화의 독특한 문화 개성이 살아 숨쉬고 있다.

진나라 대장 오기吳起와 진시황의 맏아들 부소扶蘇가 이곳에 주둔하며 진장성을 쌓았으며 고대 변방의 풍부한 역사와 인문 유적을 남겼다. 연안과 유림榆林이 대표적인 도시다.

관중-중원문화

관중의 남부는 위하가 있는 평원이며 북부는 높은 지대다. 토지가 비옥하며 지키기에는 수월하고 공격하기는 어려운 지역이다. 지세가 평탄하고 수원이 풍부하여 섬서에서 자연조건이 가장 좋은 곳으로 '팔백리 진천秦川'이라고 한다. 관중은 '금성천리金城千里 천부지국天府之國'이라 하여 밀과 옥수수 생산지역이다. 위하 남쪽에 황토고원이 있으며 계단식의 농경지는 장관을 이룬다. 기산의 오장원, 서안 이남의 백록원, 소릉원, 화양의 맹원 등은 농업지대다. 관중지역은 반파의 앙소문화로 시작하여 서주가 도읍을 정했던 곳이고, 근대의 서안사변까지 중화문명의 중심지다. 대표적인 도시로는 위남渭南, 보계寶鷄, 섬서성의 성읍인 서안, 함양 등이 있다.

섬남 – 진촉초秦蜀楚의 문화

섬남지역외 중부와 서부는 촉문화가 있으며 동부는 진과 초의 문화가 남아 있다. 유방이 일찍이 한중왕에 봉해졌기 때문에 한나라의 명칭은 바로 여기서부터 시작되었다고 한다. 이 지역의 한중漢中과 안강安康 분지는 섬서성의 중요한 농업지역으로 벼와 유채의 주요생산지다. 안강을 포함하여 섬북의 연안延安, 관중의 서안西安 세 도시를 삼안三安이라 부르는데 이는 평화롭고 안녕하다는 뜻이다.

섬서의 10대 기묘한 일

섬서 사람들은 자신들이 사는 곳의 일상을 열 가지로 소개하고 있다. 재미있는 내용으로 섬서성과 그곳에 사는 사람들을 이해하는데 많은 도움이 된다.

1. 국수발은 허리띠처럼 넓고 굵어야 한다.

관중사람들이 좋아하는 음식에 '빵빵면'이라는 국수가 있다. 원조 빵빵면은 국

빵빵면

수 한 가닥의 너비가 약 2~3촌(1寸은 3.3cm)에 길이는 1m 남짓이나 된다. 두께는 두꺼운 것은 동전 두께이고 얇은 것은 또 매미 날개처럼 얇다. 그러므로 한 가닥의 국수발은 밥 한끼와도 같은데 대식가인 관중사람들은 이 정도는 아무렇지도 않게 먹는다. 이 국수는 부드럽고 뜨겁고 끈기가 있어 맛있는데 배고플 때 먹기에는 최고다. 목을 빼고 후루룩거리며 먹고 나면 온몸에 기운이 돈다. 관중지역에는 위의 사진과 같은 이상한 글씨가 써있는 음식점이 있는데 이런 곳에서 빵빵면을 먹을 수 있다.

2. 꿔퀘이〔鍋盔〕는 솥뚜껑만 하다

전해지는 바로는 당나라 때 건릉을 조성할 때 부역하는 군인과 기술자들이 너무 많아 식사 시간이 길어 공사가 지연되어서 처벌을 받았다고 한다. 그래서 한 병사가 너무 급한 나머지 밀반죽 덩어리를 투구 속에 넣고는 투구를 불속에 넣어서 구워 밀떡을 만들어 먹었다고 한다. 꿔퀘이는 '투구솥' 이란 뜻이다. 지금부터 따져본다면 꿔퀘이의 역사는 천년 이상이 된다.

꿔궤이

현재는 밀가루 반죽을 단단하게 한 후 큰 화덕에 넣고 천천히 구워낸다. 이렇게 해야 구워진 꿔궤이의 껍데기가 바삭하며 향기가 입안 가득 고이게 된다. 기름기가 없어 담백하므로 우리 한국인 입맛에 맞다. 열흘 정도 놓아 두워도 맛에 변함이 없다.

3. 고추 요리

고추 하면 중국에서는 호남사람과 사천사람들을 떠올린다. 사천 사람들은 고추를 조미료로 사용할 뿐이지만, 섬서성의 '요퍼라즈[油潑辣子]'야 말로 정통의 요리로 고추가 주재료다. '요퍼라즈'는 눈으로는 붉은 것을 보면서, 코로는 향을 맡으며, 입으로는 매운 맛을 먹는다. 또한 이것으로 국수의 조미료로 사용할 수도 있고 또한 찐빵(꽃빵)에 싸서 먹을 수도 있다. 그래서 이곳 사람들은 "요퍼라즈에 빵빵면을 먹는 것이 최고"라고 말한다. 서안에서는 집앞에 붉은 고추를 꿰어 매달아 놓은 것을 많이 볼 수 있다.

4. 파오머[泡饃]는 큰 사발에 판다

"큰 대접 양고기 파오머"는 섬서성 서안이 최고다. 서안에 가서 양고기 파오머를 먹지 않는다면 헛걸음했다고 할 수 있다. 본래 양고기는 회족의 식품이다. 지금도 저녁에 서안시내 뒷골목에 가면 회족들이 양고기고치 구이를 판다. 그 연기로 골목이 자욱하다.

관중사람들은 먹는 것에 있어서 실질을 중시한다. 그래서 고기덩어리는 크고 찐빵종류인 머饃는 딱딱하게 발효시키지 않은 밀가루반죽을 사용한다. 쉽게 말해 양고기 국에 딱딱한 밀가루 빵을 깍두기처럼 잘라 먹는 것이 '양고기 파오머'다. 그릇은 보통 6~8량(한근은 16량)을

양고기 파오머

담을 수 있는 큰 사발을 사용한다. 양고기 파오머에서 관건은 고기는 잘 무르게 삶아야 하고, 머는 단단하여 물에 닿아도 변하지 않고 오랫동안 끓여도 뭉개지지 않아야 한다. 파오머 식당은 요주요耀州窯에서 만든 큰 사발을 사용한다.

5. 사발과 양푼의 구별이 어렵다.

토박이 섬서사람들은 밥을 먹을 때 요주요에서 생산한 커다란 청화백자사발을 사용한다. 현지 사람들은 이것을 '라오완(老碗)'이라고 하는데 이 오래된 라오완은 심지어는 작은 쟁반(양푼)보다도 더 크다. 그래서 종종 사발과 양푼을 구별하기가 몹시 어렵다.

관중의 농촌에서는 밥 먹을 때 마을입구나 나무아래서 남자들이 큰 사발을 들고 나와 쭈구리고 앉아 수다를 떨면서 맛있게 먹는 모습을 볼 수 있는데 이를 '라오완회(老碗會)'라고 한다.

농촌에서는 사람들의 노동력이 많고 힘을 쓰는 일이 많아서 밥도 많이 먹어야 한다. 그래서 집을 나설 때 이런 라오완 하나 준비하면 충분하고 귀찮게 집으로 돌아갈 필요도 없다.

양두머리

6. 머리에 두건(수건)을 쓴다.

섬서생활을 묘사한 영화를 보면 양두 수건을 쓰고 깃이 좁은 옷을 입은 노인 네와 머리에 검정이나 혹은 흰 수건을 쓴 부인들을 볼 수 있다. 관중의 농촌에 가보게 되면 영화에서 본 모습 그대로 를 볼 수 있다. 양두羊肚는 양의 위장이 란 뜻으로 모자 모양이 이와 비슷한데 서 유래되었다. 원래 섬서 지역은 목화

가 많이 생산되어 사람들은 습관적으로 면으로 만든 수건을 머리에 썼는데 먼지도 막아주고 햇빛도 가려주고 또 땀도 닦을 수 있고, 물건을 쌀 수도 있어 경제적이고 도 실질적이다.

7. 지붕은 반쪽만 만든다.

섬서의 농촌 지역에 가면 도처에서 한쪽만 지붕이 있는 가옥들을 만날 수 있다. 왜 한쪽만 지붕이 있을까? 일반적으로 지붕은 사람 人자 형태인데 섬서의 가옥은 人자의 한편만 있다. 섬서는 건조하고 비가 적어 반쪽만 덮은 집이어야 보석같은 빗물이 전부 자기네 논밭으로 떨어지기 때문에 금싸라기 같은 빗물을 절대로 남의 논밭으로 보낼 수 없다는 강력한 의지의 표현이라고 한다. 우리 속담에도 "제 논에 물들어가는 것과 자식 입에 밥들어가는 것이 제일 보기 좋다"는 속담이 있는 것처 럼 농사를 짓는 사람들에게 물은 이처럼 귀한 것이다.

또 하나의 이유는 인구가 폭발적으로 증가하
여 땅은 한정되고 인구는 많다보니 주택사정이
몹시 형편없어 이렇게 반쪽반의 지붕이 더욱 성
행하게 되었다.

8. 아가씨는 외지로 출가하지 않는다

관중지역은 토지가 비옥하여 생존을 위하여
외지로 나가 고생하는 사람이 적다. 그러므로 이
곳에는 "늙어서는 동관을 나가지 않고, 어려서
는 사천에 내려가지 않는다"라는 속담이 있다.
이렇게 지내다보니 남자들이 밖으로 나가지 않

반쪽지붕

을 뿐더러 아가씨들도 먼 타향으로 시집가기를 원치 않는
다. 물론 현재는 많은 변화가 있는 것은 사실이다.

9. 쭈그리고 앉는 습관

관중의 남성들은 하루 세끼를 모두 쭈그리고 앉아 먹는
'라오완회'로 해결한다. 한번 쭈그리고 앉으면 1시간 정도
는 아무렇지도 않게 앉아있는데 겨울이면 바람을 등에 지
고 햇빛을 쪼이면서 바둑 같을 것을 두며 소일한다.

쭈그리고 앉아 빵빵면을 먹는
모습

여기서 전통연극이라는 것은 친챵(秦腔)을 말한다. 친챵의 특징은 높고 격앙되고 강렬하며 빠르다. 특히 화리엔(花臉)의 창법은 목이 터져라하고 소리를 지르는데 외지인들은 그래서 "친챵을 하려면 첫째 무대가 튼튼해야 한다. 그래야만 무대가 안쓰러진다. 둘째는 배우가 건장하여야 한다. 그래야 병으로 쓰러지지 않는다. 셋째는 관객의 담이 커야한다. 그래야 놀래 쓰러지지 않는다"고 농담으로 말한다.

배우들은 얼굴을 붉히고 목에 핏대를 세우면서 소리를 내지르며 노래를 부르는데 관객이 "좋오타(好)!" 한마디만 하면 무슨 그랑프리 상을 받은 것보다 더 기뻐한다. 사람들은 이것이 바로 친챵의 진면목이라고 생각한다. 그래서 이를 들으면 갈증이 풀리며 너무 좋아하게 되는데 중독성이 강하다.

글자 한 자에 천금을 주겠노라
─ 일자천금

一字千金

글자 하나의 값이 천금의 가치가 있다는 뜻으로, 글씨나 문장이 아주
훌륭함을 이르는 말

一 : 한　　일
字 : 글자　자
千 : 일천　천
金 : 쇠　　금

'일자천금'은 글자 하나의 값이 천금의 가치가 있다는 뜻
으로, 글씨나 문장이 아주 훌륭함을 이르는 말이다. 중국 진
나라의 여불위呂不韋가 《여씨춘추呂氏春秋》를 지어 함양의 성
문에 부쳐놓고 내용 가운데 한 글자라도 가감첨삭하는 사람
이 있다면 천금을 주겠다고 한데서 유래하였다.

《여씨춘추》의 '여씨'는 즉 여불위를 뜻하며, '춘추'는 공
자의 저서 《춘추》를 흉내내어 책명을 지었다.

여불위가 진시황의 아버지라구?

여불위(B.C. 약 292~약 235)는 전국시대 말기의 상인이자 정
치가며 사상가다. 위나라의 복양(濮陽:현재 하남성 복양의 서남쪽)
사람이다.

여불위가 한단(邯鄲:당시 조나라의 수도)에 가서 장사를 할 때 인질로 와 있던 진나라 소왕昭王의 손자인 이인(異人-후에 이름을 자초子楚로 개명하였음)을 만나게 되었는데 앞으로 자신의 출세에 밑거름이 될 것이라는 것을 확신하였다. 즉 자초는 진기로운 보화(奇貨)로 이를 갖고 있으면 앞으로 커다란 가치가 있을 것이라고 생각하였다. 여기서 "진기한 물건이나 사람은 당장 쓸 곳이 없다 하여도 훗날을 위하여 잘 간직하는 것이 옳다"는 뜻인 '기화가거奇貨可居'라는 고사성어가 나왔다.

자초의 아버지는 안국군安國君이다. 진 소왕은 태자가 죽자 기원전 265년에 그의 둘째 아들 안국군을 태자에 책봉하였다. 안국군에게는 20여 명의 아들이 있었지만 그가 총애하던 정부인인 화양부인에게는 아들이 없었다. 자초는 안국군의 아들 중에 항렬이 중간쯤으로 그의 생모 하희夏姬는 그다지 총애를 받지 못하였다. 그래서 자초는 조나라에 인질로 가게 되었다. 조나라에서는 자초를 그다지 대우하지 않았다. 그리하여 자초의 생활은 몹시 곤궁하였다.

여불위는 종종 자초를 방문하고는 그에게 많은 정보를 주었다. 그리고 안국군이 사랑하는 화양부인에게 아들이 없으니 안국군과 화양부인에게 유세하여 자초를 태자에 세우도록 하겠다고 장담하였다. 그러자 자초는 만일 그렇게만 된

다면 진나라를 여불위 당신과 함께 향유
하겠다고 대답하였다.

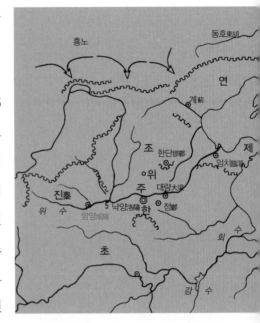

여불위는 금 5백을 자초에게 주면서
많은 빈객들을 사귀라고 하였다. 또 금 5
백으로 진기한 보물을 사가지고 스스로
진나라로 유세를 하러 떠났다. 그는 먼저
화양부인의 동생과 언니들을 만나 사귀
고 귀한 물건들을 모두 화양부인에게 헌
상하도록 하였다. 그러면서 은근히 자초
가 총명하고 어질어서 많은 빈객들이 그
와 교제를 하고 있다고 말하며 화양부인

전국시기 형세도
당시 함양은 진나라의 수
도였다.

에게 자초의 좋은 말을 하도록 당부하였다. 게다가 자초는
화양부인을 하늘처럼 여기며 밤낮으로 부인을 사모하며 울
고 있다고 하였다. 이를 들은 화양부인은 몹시 기뻐 하였다.
자매들은 또 부인에게 지금은 미모로 왕의 마음을 사로잡지
만 늙은 후에는 아들도 없는데 어찌할 거냐, 자초를 친아들
처럼 여기고 태자로 삼도록 하라고 설득하였다. 그럴듯하게
여긴 화양부인은 안국군에게 베개송사를 하여 자초를 태자로
삼기로 약속을 받아내었다. 이리되자 자초의 명성은 삽시간
에 퍼져나갔다.

여불위가 한단에서 장사를 할 때 사랑하는 조나라의 여인

〔趙姬〕이 있었는데 그녀는 이미 여불위의 아이를 임신하고 있었다. 한번은 자초가 여불위와 함께 술을 마시다가 이 여자를 보고는 여불위에게 달라고 하였다. 여불위는 처음에 몹시 화가 났지만 이미 자초에게 수많은 돈을 들인 김에 그를 확실하게 잡아야 되겠다고 생각하고는 조희를 주었다. 조희는 임신한 사실을 자초에게는 숨긴 후 아들을 낳으니 영정政嬴이다.

진나라 소왕 50년(B.C.257)에 한단을 공격하니 사정이 몹시 긴박하였다. 조나라는 인질로 와 있던 자초를 죽이려고 하자 자초는 여불위와 상의를 하여 성을 지키고 있던 관리에게 금 6백 냥을 주고 몰래 빠져나와 진나라의 군영으로 도망가 순조롭게 귀국할 수 있었다. 기원전 251년, 진 소왕이 서거하자 태자 안국군이 왕위를 계승하고 화양부인이 왕후가 되었으며 자초는 태자가 되었다. 이에 조나라도 자초의 부인인 조희와 아들 영정을 돌려보냈다.

안국군은 왕위를 계승하여 1년간 상을 모신 후 면류관을 쓴 지 3일 만에 발병하여 죽었다. 이에 태자 자초가 왕위를 계승하니 이 사람이 바로 진 장양왕莊襄王이다. 장양왕은 화양부인을 화양태후에, 생모인 하희는 하태후에 존봉하고, 조희를 황후에 앉혔다. 기원전 249년에 여불위를 승상에 임명하고 문신후에 봉하여 하남성의 낙양 10만호를 그의 식읍으로 주었다.

《여씨춘추》를 누가 고치랴?

장양왕은 진왕이 된 후에 여불위의 은덕에 보답하기 위하
여 여불위를 승상에 봉하였다. 상인의 신분에서 일약 승상
의 신분이 되었으니 그야말로 '일인지하, 만인지상'의 인물
이 되었다. 조정안의 관료들은 입으로는 말을 하지 않았지
만 마음 속으로는 달갑게 여기지 않았다. 여불위도 그의 정
치적인 경륜이 너무 짧아 사람들이 뒷공론을 하리라는 것을
알고 있었다. 그는 다른 이들이 자신을 얕볼 수 없는 방법이
없을까 생각하였다. 그리곤 공자의 명성이 높은 것은 《춘
추》라는 책을 썼기 때문이고, 손무가 오나라의 대장이 될
수 있었던 것은 《손자병법》을 썼기 때문이라고 생각했다.
더구나 당시에는 4군자라고 하여 위나라의 신릉군信陵君,
초나라의 신춘군春申君, 조나라의 평원군平原君, 제나라의 맹
상군孟嘗君이 명성을 떨치고 있었는데 이들 아래에는 수많
은 문객들이 있었으며 서로들 더 많은 문객들을 끌어들이려
고 애썼다. 문객들 중에는 달변가들이 있어 유세를 하는가
하면 책을 쓰고 학설을 수립하는 것이 유행하였다.

여불위는 진나라가 이런 나라들보다도 더 강성한데 그들
보다 못한 것을 부끄럽게 여겨 수많은 문인 학사들을 초빙

《여씨춘추》

《여씨춘추》는 12기記·8람
覽·6론論으로 나뉘어져
있으며 전체 26권, 160편
에 20여만자로 구성되었
다. 도가사상을 중심으로
각 학설을 융합하고자 하
였다. 천지, 만물, 고금에
관한 모든 것이 망라되어
있으며 내용은 몹시 번잡
하다.

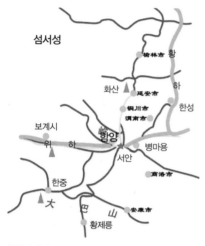

섬서성

유림시 황

화산 연안시

동천시 하

한성

보계시 동남시 함양

위 하 병마용

서안

보락시

한중

대 안강시

황제릉

함양시 위치

함양시는 섬서성에 있다. 서안의 서쪽에 있으며 남쪽으로 위하가 흐르고 있기 때문에 함양咸陽이라는 이름이 붙었다(일반적으로 도시의 남쪽에 강에 있으면 그 도시는 햇빛이 골고루 비치기 때문에 볕 양陽자를 부친다. 서울의 옛 이름인 한양漢陽도 이와 같은 이치다). 서안은 실크로드가 시작되는 곳이다.

하고 이들을 대우하였다. 그러자 식객들은 3천여 명으로 늘어났고 하인은 1만여 명이나 되었다.

충분히 많은 문객들이 모였다고 생각한 여불위는 이들에게 각기 견문한 바를 저술 편집하게 하여 팔람八覽, 육론六論, 십이기十二紀 등으로 모으니 모두 26권에 20만 자가 넘었다. 그리고 천지·만물·고금에 관한 모든 것이 망라되었다고 자칭하며 책명을 《여씨춘추》라 하였다.

여불위는 이 책에 대한 자부심이 대단하였다. 그리하여 책을 전부 베껴서 수도 함양咸陽의 성문 앞에 부쳐놓고 커다랗게 "여기에 한 글자라도 더할 수 있거나 뺄 수 있는 자에게는 상금으로 천금을 주겠다"고 방을 부쳤다. 과연 장사꾼다운 발상이었다.

이 사실을 《사기·여불위전》에 다음과 같이 기록하고 있다.

"함양의 저자거리에 포고를 내리고 천금의 상금을 내걸었다. 제후 선비 빈객 중에서 한 자라도 더하거나 빼거나 할 수 있는 사람에게는 천금을 주겠다(布咸陽市門, 懸千金其上, 延諸侯游士賓客有能增損一字者子千金)."

그러나 상금을 받아갔다는 기록이 없는 것으로 보아, 절대 권력자의 자기과시 또는 유능한 인재의 확보를 위한 것이 그 목적이었던 것으로 보인다. 현재 '일자천금'은 '아주 훌륭한 글'이라는 뜻으로만 쓰인다.

세기의 불륜

장양왕은 겨우 3년간 재위에 있다가 병사하였다. 그리하여 당시 13세이던 아들인 정(政:조희의 소생)이 왕위를 계승하니 이 사람이 바로 역사상 저 유명한 진시황이 된다. 진왕 정은 여불위를 존경하여 상국相國에 임명하고 '중부仲父'라 칭하였다. 태후가 된 조희는 종종 여불위와 사통을 하였으며 진왕의 나이가 아직 어렸기 때문에 행정대권은 모두 여불위와 태후의 수중에 있었다. 태후의 음란함은 그칠 줄 몰랐다. 여불위는 자신들의 비밀이 드러날까 두려워 은밀히 계획을 세웠다. 그리하여 음경이 유난히 큰 노애嫪毐라는 사람을 문객으로 들였다. 그리곤 가무를 즐길 때 노애에게 음경으로 오동나무 수레바퀴를 돌리라고 하였다. 여불위가 예상한대로 이 소문은 태후의 귀에 들어갔고 태후는 그 음경이 크다는 노애를 혼자 차지하고자 애를 태웠다. 이에 여불위는 노애를 진상하고는 또 은밀히 태후에게 말했다. "태후께서는 노애를 거짓으로라도 궁형을 시키십시오. 노애가 환관이 되어야만 태후를 영원히 모실 수 있습니다"라고 부추겼다. 이에 태후는 궁형을 행하는 관리에게 돈을 듬뿍 주어 노애가 궁형을 받은 것처럼 하고 노애의 수염을 모두 뽑아내었다. 그리곤 계속하여 노애와 간통을 하며 좋아하였다. 후에 태후는 노애의 아이를 임신하게 되자 일부러 점을 치고는 거처를 옮겨야 한다는 점괘가 나왔다는 핑계를 대면서 옹지雍地의 별궁으로 나갔다. 별궁으로 가면서도 노애를 데리고 나갔고 태후에 관한 모든 일은 노애가 결정하였다. 태후는 또 진왕에게 노애가 많은 공을 세웠다고 말하니 진왕 정은 노애를 장신후長信侯에 봉하고 산양山陽(지금의 하남성 초작焦作)에 거하게 하고 하서 · 태원이남을 모두 노애에게 봉지로 주었다. 노애의 하인은 수천 명에 달하여 왕같은 생활을 하니 노애의 문객이 되고자 하는 자가 넘쳐났으며 또한 노애를 따라 태감이 되고자 하는 자도 수천에 이르렀다고 한다.

진왕 정 9년(B.C.238년) 4월에 진왕이 옹주성에 가서 태후를 배알하고 교사를 거행하였다. 교사는 주 평왕周平王이 동쪽의 낙양으로 천도할 당시 주나라의 원래 수도가 있는 기산岐山 지방의 통치권을 진양공秦襄公에게 이양하자 진양공이 이곳 옹주에다가 교천단郊天壇을 짓고 해마다 제사를 지내왔다. 그 뒤 진나라가 함양으로 천도한 뒤에도 교사郊祀만은 매년 이곳에 와서 하였다. 이리하여 진왕 정도 이때 두 번째로 이곳에 교사를 지내러 왔고 태후를 알현하였다.

이때 진왕의 나이는 22세로 그때까지 관례冠禮를 행하지 않았다. 그리하여 태후가 진나라의 종묘에 고하고 관례를 행한 뒤에 진왕에게 왕관과 대검을 주고 이곳에 모인 백관들에게 5일 동안 큰 잔치를 베풀어 축하를 하였다. 잔치를 베푼 지 4일 되던 날 저녁 무렵까지 진왕은 어머니인 태후와 대정궁에서 머문 뒤에 자신의 숙소인 기년궁鄿年宮으로 돌아가는 중이었다. 중대부 안설顔泄이 왕의 행차를 막고 역모 사건이 있다고 고하였다. 그리고 노애가 사실은 환관이 아니며 태후와 사통을 하여 이미 아들 둘을 낳아 감추어 기르고 있으며 노애가 반란을 꾸미고 있다고 하였다. 이해 9월, 노애의 반란을 평정한 후 노애는 거열車裂에 처하고 노애와 태후 사이에서 난 아들 둘은 자루에 넣어 몽둥이로 때려죽이고 3족은 모두 몰살을 하고 태후는 옹지에 유폐하였다. 후에 제나라 사람 모초茅焦가 진왕을 설득하자 진왕은 비로소 옹지에 있던 태후를 다시 함양으로 돌아오도록 하였다.

진시황은 이 일을 조사한 후, 상국

함양박물관의 복도

여불위도 연루되었다는 것을 알게 되었고 기원전 237년 10월에 상국의 직무를 파직시키고 하남의 낙양 봉지로 낙향하도록 명하였다. 1년이 흐른 후에도 각 제후국의 빈객들이 끊임없이 여불위를 찾으니 진왕은 그가 다시 반란을 일으킬까 두려워 여불위에게 편지를 보냈다.

"당신이 진나라에 어떤 공로가 있어서 진나라는 당신을 하남에 봉하고 식읍 10만호를 주었는가. 당신이 진왕과 어떤 혈연관계가 있기에 당신을 중부仲父라고 칭했는가? 당신은 가족과 함께 모두 촉땅으로 나가서 사시오"

여불위는 자신이 이미 핍박을 받고 있음을 알고는 짐주鴆酒(중국 남방에 사는 올빼미 비슷한 새로 독이 들어 있음. 이 새의 깃을 넣어 만든 술로 사람을 독살하는데 사용함)를 먹고는 자살하였다. 여불위의 일생은 아들을 왕으로 만들기 위해 고심하며 살았지만 아들에게 아버지라는 것을 말할 수도 없는 처지로 결국은 아들로 인해 죽음을 택할 수 밖에 없었다.

책은 불태우고 학자들은 파묻고
—분서갱유

焚書坑儒

서적을 불태우고 학자들을 땅에 묻는다는 뜻으로 사상통제를 비유하는 말.

焚 : 태울　　분
書 : 글　　서
坑 : 구덩이　갱
儒 : 선비　　유

진시황의 중국통일과 분서갱유

진나라 왕 영정贏政은 세찬 가을 바람이 낙엽을 쓸어가는 기세로 한韓 · 조趙 · 위魏 · 초楚 · 연燕 · 제齊 여섯 나라를 차례로 멸하면서 기원전 221년에 춘추 전국의 5백년 간의 혼란한 국면을 매듭지었다. 영정은 스스로 태황泰皇과 오제五帝 두 명칭에서 한 자씩을 취하여 '황제'라 칭하고, 그 자신이 제1대 황제라고 여겨 '시황제始皇帝'라고 하였다. 이때부터 중국 역사상에 황제라는 명칭이 있게 되었으며 청대까지 이어졌다. 진시황이 중국을 통일한 후 중국 역사는 중앙집권의 봉건전제주의의 새로운 단계로 진입하였다. 진왕조가 천하를 통일한 것은 중국 역사상 첫 번째의 대통일로 사학가들은 이를 "만세의 토대를 닦았다"고 칭한다.

진시황은 흉노를 정벌하고, 만리장성을 수축하여 변경을 확정하고, 문자 · 화폐 · 도량형 · 차바퀴 등을 통일하여 중국을 위하여 수많은 창업적인 공헌을 하였다. 세계적으로 유명한 만리장성은 이미 중화민족의 상징이 되었고, 진시황릉의 병마용은 이전에도 이후에도 없을 세계사상 크나큰 기적이다.

그러나 진시황은 진나라는 태양처럼 영원히 멸하지 않을 것이라고 낙관적으로 잘못 생각하였다. 그래서 백성의 힘을 과도하게 사용하였으니 비록 통일을 위해서는 어쩔 수 없었겠지만 '분서갱유'로 대표되는 일련의 폭정과 제2대 임금의 무능함으로 인하여 백성들은 폭동을 일으키고 진왕조의 그 위대한 대통일은 고작 15년이라는 짧은 역사만을 남기고 허무하게 끝나버렸다.

시황제 34년(B.C. 213), 전국의 유생들이 진나라에서 실시하는 중앙집권적 군현제를 반대하고 봉건제 부활을 주장함으로써 불행한 사태가 시작되었다. 시황제는 함양궁에서 군신들을 모아놓고 대연회를 베풀었다. 이때 제나라의 박사 순우월淳于越은 분봉제를 회복하자는 주장을 재차 거론하였다. 그러나 철저한 법가로 일관한 승상 이사李斯는 이에 반대하는 데 그치지 않

진시황

고, 차제에 정치를 비판하는 일체의 행동을 근본적으로 봉쇄하여야 한다고 하였다. 단 의약·점복·농업 관계 서적은 제외할 것을 건의하였다.

진시황은 이사의 건의를 채택하여 《진기秦記》 이외의 다른 나라의 역사서는 모두 불태우도록 하고 박사관에서 사사로이 소장하고 있던 《시경》《서경》 등을 30일 이내에 제출하여 태우도록 하고 여기에 반대하는 사람들은 모두 처벌하도록 하였다. 이것이 분서다. 그러나 실은 천하의 책을 다 태운 것은 아니고 백성들만 소장하지 못하였지 조정 안에는 여전히 남겨두고 있었다.

분서를 한 다음해인 기원전 212년에 진시황은 수도 함양에서 460여 명의 방술사와 유생들을 구덩이를 파고 묻어버렸다. 이것이 갱유다. 이 사건은 진시황

병마용

활쏘기 자세의 무사용

의 불로장생의 욕심 때문에 발생하였다. 진시황은 미신과 방술사들의 말을 몹시 믿었는데 그들이 불로장생약을 구하여 자신을 신선 도인으로 만들 수 있다고 여겼기 때문이다.

후생侯生과 노생盧生이라는 두 방술사는 진시황의 이런 심리를 이용하여 자신들이 그 묘약을 구할 수 있으리라고 장담하고 거대한 자금을 받아내었다. 그러나 시간이 흘러도 이들이 약속한 묘약은 전혀 효험이 없고 거짓임이 드러나자 이들은 처벌이 두려워 진시황을 비방하고 도망을 갔다. 진시황은 이를 알고는 대로하여 노생 등에게 후한 상을 주었는데도 지금 나를 비방하는 것은 내가 덕이 없기 때문이라고 하며 함양에 있는 방술사와 유생들을 고문하여 후생과 노생을 찾고자 하였다. 그리고 이와 관련된 460명을 전부 구덩이에 묻어 죽였다. 이 사건은 후세에 분서와 함께 역사상 악명 높은 '분서갱유'로 불리게 되었다. 그러나 실제 유생이라기보다는 사기성이 농후한 일부 방사를 겨냥한 것이라는 점을 들어 유가 탄압을 과장할 필요가 없다는 주장도 있다.

또 분서도 그 실제적인 효과에 의문을 제기하는 사람도 있다. 그러나 진나라에서 유가가 환영받지 못한 것은 명백하며, 한나라가 BC 191년에 '협서율(挾書律:금서 소지를 금하는 법)'을 폐지할 때까지 원칙상 유가의 고전이 학습될 수 없던 것도 사실이다. 이런 점으로 볼 때 분서갱유가 유가를 일시나마 크게 위축시킨 것은 사실이다. 진시황의 분서갱유는 통일된 집권정치를 보호하기 위한 것으로 서로 다른 정치사상과 견해를 제거하고자 한 것이었지만 예상한 효과는 거두지 못하였다.

모택동이 본 분서갱유

분서갱유는 중국 역사에서 늘 부정적이었을까? 그렇지만은 않다. 모택동은 분서갱유를 부정적으로 보지 않았다. 모택동은 어째서 진시황의 분서갱유를 부정적으로 보지 않았을까? 몇천 년 동안 유가와 법가는 논쟁이 끊이지 않았으며 역대 정치가와 사상가들도 모두 이 두 파에 대한 담론을 면할 수는 없었다. 1973년 모택동은 〈칠율·봉건론을 읽고 곽말약에게 보내는 시〉에서 다음과 같이 쓰고 있다.

그대여 진시황을 너무 욕하지 마소,
분서갱유에 대해서는 더 의논해야만 할 것이오.
진시황은 죽었지만 진나라는 여전히 존재하오.
공자는 명성만 높지 실은 쭉정이에 불과하다오.
역대로 진나라 법을 실행하였으니
'열가지 비판[十批]'이 좋은 문장은 아니오.
당나라의 유종원이 쓴 〈봉건론〉을 잘 읽어보면
자후(子厚:유종원의 字)를 따르고 문왕을 반대하지 않을 수 없소.

이 시는 모택동이 곽말약에게 준 시다. 곽말약은 1940년 대에 중경에서 《십비판서+批判書)라는 책을 썼는데 공자를 칭찬하면서 당시의 사회변동의 조류에 따랐다고 하였다. 모택동은 이 관점에 찬성하지 않고 진시황이 '분서갱유' 때문에 비판받은 것에 대해 변호를 하였다. 이것은 모택동이 80세에 마지막으로 쓴 시다. 현대 정치가가 쓴 최후의 시가 과거 수천 년 간의 두 위대한 역사 인물인 공자와 진시황을 평가했다는 것은 중국에서 여전히 유가와 법가의 논쟁이 끝나지 않은 것임을 말해주고 있다.

그렇다면 모택동은 왜 공자에 대하여 반감을 가졌을까? 모택동이 볼 때 유학자들은 말만 꺼냈다 하면 도를 말하지만 실행에 옮기지는 못하였다. 문화교육 면에서 약간의 성적만 있을 뿐 사실 허울 좋은 말 뿐이었다. 역대의 왕조에서도 모두 공자의 '인의도덕' 의 기치만 내걸었을 뿐 진정으로 백성을 위한 복리를 위한 것은 없고 함께 고통을 감내할 노력도 없었다. 이렇게 되니 봉건사회에서 '성인' 이라 존경받으며 책이나 읽는 학자들에게 신물이 나 있었다. '역대로 진나라 법을 실행하였다' 는 것은 진시황이 중국을 통일한 후 '봉건제' 를 폐지하고 '군현제' 로 바꾼 것을 말한다. 군현의 관리는 모두 중앙정부에서 임명했기 때문에 중앙집권이 공고해졌으며 이후 청대까지 몇천 년 간 중국정치체제의 기본적인 골격이 되었다. 당나라의 유종원도 〈봉건론〉을 써서 진시황의 이 개혁정치를 칭찬하였다.

사실 진시황의 이미지는 유학자들에 의해서 나쁜 형상으로 만들어졌다. 그 원인은 '분서'와 '갱유' 사건 때문이다. 이것은 유가로 대표되는 지식분자로 볼 때 치명적인 타격이었다. 그래서 유학자들은 진시황을 폭군의 전형으로 보았다. 이에 대해 모택동은 좀더 의논해봐야 한다고 여겼다. 모택동은 혁명가다. 그는 현재의 것을 중시하고 옛 것을 대수롭지 않게 여기며 새로운 것을 창조하는 정치가다. 그러므로 그의 사상은 법가 쪽에 기울어 있다. 그러나 완전히 유가 사상을 부정하는 것은 아니다. 모택동은 유가를 비평하면서도 현실과의 상관관계를 고려하였다.

분컴갱컴

필자는 1980년대 중반 유학시절에 처음으로 컴퓨터를 배우기 시작하였다. 너무나 낯선 '괴물'이었던 컴퓨터를 중국어로 배우는 고역이란 만만치가 않았다. 당시에는 도스(DOS)를 배웠는데 매번 A>dir a: input.* 이나 copy a:*.*c: 등처럼 외계어같은 기호를 써가면서 배우는 것이 너무나 어려웠다. 가르치는 사람도 배우는 사람도 어렵기는 매한가지였다. 《제갈량과 겨루다〔賽諸葛〕》라는 책으로 배웠는데 내가 어찌 제갈량과 겨룰 수 있단 말인가? 아무리 해도 제갈량의 지혜를 알기에는 역부족이었다. 결국 포기할 것은 포기하고 논문 쓰는데 필요한 것만 배웠다. 중국 사람도 어려워서 절절매었으니 중국어 컴퓨터 용어에 익숙하지 않았던 필자는 오죽했으랴. 그때 친구들과 농담으로 했던 말이 '분컴갱컴'이란 말이다. 즉 컴퓨터를 불사르고 컴퓨터를 땅에 묻어버리자는 말이다. 지금 생각하면 컴퓨터가 없다면 어떻게 되었을까? 지금 이 글도 여전히 펜대를 붙잡고 쓰고 있을 것이다. '분컴갱컴'을 안 하길 잘했다.

중국 역대 분서와 필화사건

근대 학자 유대괴劉大魁도 《분서변焚書辨》에서 책을 태운 것으로 말하자면 이사의 죄가 아니라 실은 항우의 죄라고 통렬히 비난하였다. 《사기》에도 항우가 함양을 공격하고 진나라 마지막 왕인 자영子嬰을 죽이고 아방궁을 태웠는데 그 불이 3개월 간이나 꺼지지 않았다는 기록이 있다. 이때 진귀한 책들이 모두 재로 변하고 말았다.

수나라 때 우홍牛弘이란 학자는 중국의 역대 서적의 분서에 관하여 '오액五厄'으로 정리한 적이 있는데 그 첫 번째로 진시황의 분서, 둘째로 서한 말 적미군이 관동에 들어와서 책을 태운 일, 세 번째는 동탁이 낙양성을 전부 태운 일, 네

번째는 흉노 수령인 유요劉曜와 석륵이 재차 낙양성을 태운 일, 다섯 번째는 위나라 군대가 쳐들어 오자 양나라의 원제가 자신이 소장하고 있던 책을 전부 태운 사건을 들고 있다.

남의 손에 의해 책이 불태워진 경우가 대부분이지만 스스로 자신의 장서를 태운 왕도 있다. 바로 양나라 원제다. 그는 서위 군대가 궁궐을 공격하자 자신이 소장하고 있던 책을 모두 불태우고 자신도 분사하려고 했다. 측근들의 만류에 죽기를 포기하고 투항한 후 왜 책을 태웠느냐고 묻자 "난 만권의 책을 읽었는데 모두 기억하고 있기에 태워버렸소"라고 담담히 대답하였다. 나라 잃은 원제의 입장에서는 내가 그렇게 많은 책을 읽어 공부했지만 이렇게 포로 신세가 되어버렸는데 책이 다 무슨 소용이냐 하는 원망과 한탄으로 태웠을 가능성이 크다. 또는 궁 안의 책은 모두 자신의 사유재산이라고 여겨 책과 함께 분사하리라는 마음이 있었을지도 모르겠다. 당시에는 인쇄술이 그다지 발달하지 않아 필사본이나 단일본이 많았을 텐데 그 모든 것이 재로 변하였다는 것이 정말로 안타깝다. 글은 사람을 죽이기도 하고 살리기도 한다. 사람마다 생각이 다르고 가치관이 다르기 때문이다.

분서 이외에도 중국에는 역대로 수많은 필화사건이 있었다. 중국에서는 '문자옥文字獄'이라고 하는 필화사건은 거의

주원장

가 정치적인 것이었다.

그중 유명한 것으로는 명대 초기에 주원장(1328-1398)에 의한 '표전지화表箋之禍'다. 이는 한 관리가 공문보고서에 사용한 글자를 주원장이 문제 삼은 필화 사건으로 웃음마저 나오는 일이다. 세상에 널리 알려진 이야기는 다음과 같다.

항주에 서일기徐一夔라는 관원이 "광천지하光天之下, 천생성인天生聖人, 위세작즉爲世作則"이라고 연초 축하의 글을 썼는데 주원장이 보고서 '생生'은 '승僧'이다. 내가 일찍이 승려노릇 했던 것을 빗댄 것이다. 또 '광光'은 머리카락이 없는 것을 빗댄 것이고 즉 '즉則'의 발음은 도둑이라는 '적賊'에 가깝다고 억지를 부려대며 서일기를 참하니 모든 대신들이 두려워하였고 아예 황제에게 차라리 상주문의 형식을 내려달라고 청하기에 이른다. 그래서인지는 몰라도 주원장은 홍무 연간에 다섯 차례나 표전성식表箋成式이라 하여 상주문의 모델을 반포한 바 있다. 주원장은 황제가 되기 전에 탁발승을 하였는데 그는 늘 이 일로 자격지심이 있었으며 의심이 심하고 멋대로 사람을 죽였다. 중국어로 '生sheng'과 '僧seng'은 발음이 비슷하다. 또한 '則ze'와 '賊zei'의 발음도 비슷하다. 게다가 '光'은 까까머리나 까까중을 나타내는 '光頭guangtou'의 '光'이니 주원장의 노여움은 컸다. 이처럼 비슷한 음을 가지고 주원장은 많은 사람들을 죽였다. 진학림陳學霖 같은 학자는 이런 이야기는 주원장을 무시하여 나온 허구라는 주장을 하기도 하지만 이는 청대 건륭 연간의 학자인 조익趙翼의 《이십이사찰기·명초문자지화明初文字之禍》에 《한중금고록閑中今古錄》을 인용하여 한 말이다. 여기에는 또 50여 차례에 걸쳐 이런 예가 있다고 소개하고 있다.

주원장의 공과는 헤아릴 수 없이 많으며 사람의 관점에 따라 평가가 달라진다. 그는 특히 주씨 성의 명나라를 지키기 위하여 여러 차례에 걸쳐 공신을 비롯한 많은 사람을 죽였다. 어느 때는 모반죄에 연루된 자가 3만 명이 되기도 했으며 죄명으로 1만 명을 처형하기도 하였다. 이 때문인지 역사상의 그의 화상은 추한 것과 후덕한 두 종류가 있다.

현재 주원장을 표현할 때는 아주 못생기게 표현하며 또 경극에서는 주로 와검瓦瞼이라는 얼굴분장을 한다. 이는 인물의 다중성격을 나타내는 얼굴분장이다. 아마도 주원장이 곰보에 승려출신에 의심이 많았던 것을 나타내고자 하는 의도로 보인다.

강희제(1654-1722) 때의 필화사건은 어쩌면 진시황을 능가한다고 볼 수 있다. '장씨사안莊氏史案'이라는 필화사건이 있었는데 이 일로 투옥된 사람이 2천여 명, 처형을 당한 자가

주원장을 희화한 모습
미국 학자 Patricia Buckley Ebrey의 《케임브리지 삽화 중국사》에는 주원장이 곰보얼굴에 주걱턱으로 못생긴 얼굴인데 이는 일부러 사람들이 그를 못생기게 그린 것으로 실은 주원장도 다른 황제들처럼 잘생겼다고 한다.

와검 얼굴분장

와검瓦臉은 경극에서 주원
장같은 다중적 성격을 표
현하는 얼굴분장이다. 또
는 삼괴와검三塊瓦臉이라고
도 하는데 검은색으로 눈
썹, 눈동자, 콧망울을 그리
며 이마와 두뺨 세 곳으로
나뉘어지는데 이 세 부분
의 형상이 기왓장 같아서
붙여진 이름이다.

70여 명이나 되었다.

명말청초에 절강성 오정烏程(지금의 오흥吳興) 지역에 장정롱
莊廷瓏이라는 사람이 있었는데 맹인이었다. 그는 좌구명左丘
明이 실명한 후에 역사서를 쓴 것을 본받아 자신도 역사서
를 쓰고자 했다. 그러나 자신의 학식에는 한계가 있었으므
로 대학사 주국정朱國禎이 생전에 썼던 《명사明史》의 유고를
사들인 후 절강성의 학자들을 불러서 이에 가감을 하여 편
집하고 완성하였다. 이때는 이미 청나라가 들어선 후라서
명대를 그리워한다든지, 청나라를 업신여기는 문장들은 빼
버렸지만 명대의 연호를 그대로 따르고 청 황실의 정통성을
인정하지 않았고 여진이라고 칭하였다. 또한 명말 숭정제
때의 일을 거론하였는데 이는 모두 청나라에서 기피하는 것
이었다. 그리고 이 책명을 《명서明書》라 하였다. 책이 완성
된 후 장정롱은 죽었으나 그의 아버지는 아들을 위하여 이
책을 간행하였다. 그런데 오지영이라는 사람이 이 사실을
알고는 고발하였다. 사건은 점점 커져서 장정롱은 부관참
시 당하고 그의 아버지는 옥사하였다. 또한 이 책을 수정했
던 10여 명 및 이에 연관된 2천여 명이 투옥되었으며 70여
명이 처형당하고 수백 명이 변방으로 유배를 가게 되었다.

문인들의 필화사건은 국가의 재난이라고 볼 수 있다. 글
자 몇 개로 구족이 멸문지화를 당하니 이러한 필화사건은

국가의 암흑기로 대개 그 배후는 정치적인 요소가 있다.

글자 한 자를 날조하여 황제가 된 옹정제

문인들의 필화사건과는 성격이 다르지만 황실
안에서는 글자를 조작하여 황제 자리를 차지한 경
우도 있다. 바로 위에서 말한 '장씨사안'으로 70여
명을 죽인 강희제의 아들인 옹정제다. 강희제에게
는 35명의 아들이 있었는데 요절하거나 양자 보낸
아들이외에도 26명이 있었다. 이 26명 중에 황후가
낳은 아들은 오직 둘째 아들인 윤잉胤礽이다. 그러
나 황후는 아들을 낳은 다음날 세상을 떠났다. 강희
제는 각별히 이 아들을 사랑하여 1년 7개월이 되었

옹정제

을 때 황태자에 봉했다. 그러나 후에 왕자들이 장성하자 그
들은 황제의 눈에 들기 위하여 서로 서로 결탁하여 왕자들
간에 반목이 심하였다. 또한 모략을 일삼아 윤잉은 두 차례
나 폐위되었다.

강희제의 아들 가운데 공적이 있는 아들은 열넷째 아들인
윤제였으므로 사람들은 윤제에게 황위를 물려줄 것으로 생
각하였다. 그러나 야심을 품고 있던 자는 넷째 왕자인 윤진
胤禛이었다. 윤진은 윤제와 같은 어머니에게서 난 형이었지
만 황위를 다투는데 있어서 형제의 정은 결코 문제가 될 수

없었다. 그는 부친의 면전에서는 황위를 다투는 속셈을 철저히 감추고 암암리에 조정대신들은 말할 것도 없고 재야의 명사들까지 이용할 수 있는 사람이라면 모두 광범위하게 교류를 맺었다. 특히 경성의 방위를 책임지고 있던 융과다隆科多에 대하여는 각별히 대하고 갖은 방법을 다해 비위를 맞추어 둘의 관계는 매우 친밀하였다.

강희 61년(1722), 69세의 강희황제가 서거하였다. 그는 역대 황제 중 재위기간이 가장 긴 황제 중 하나다. 임종시 고명顧命 대신은 바로 융과다였다. 융과다는 "넷째아들에게 황위를 물려준다(傳位于四子)"는 강희제의 유언을 선포하였고 드디어 윤진이 황위에 등극하였다. 윤진은 일찍이 옹친왕雍親王으로 봉해졌기 때문에 그의 연호는 곧 '옹정雍正'이 되었다.

그런데 후에 전해지기로는 강희황제가 임종 시에 적었던 유언은 "열넷째 아들에게 황위를 물려준다(傳位十四子)"라고 썼는데, 옹정황제와 융과다가 '十'자를 '于'자로 고쳐 "넷째 아들에게 황위를 물려준다(傳位于四子)"로 날조하여 열넷째 왕자가 넷째왕자로 바뀌었다고 한다. 또 강희황제가 병이 중해 창춘원暢春園에 기거할 때 윤진이 인삼탕을 한 그릇 진상하였는데 어떻게 된 일인지 이 인삼탕을 마시고 강희황제가 죽었다는 설도 있다.

옹정제는 황위를 힘들게 얻었기 때문에 특별히 전권을 행사하였다. 다른 왕자들에 대해서도 한 가닥의 정도 없이 연이어 그들의 권력을 박탈해 버렸다. 왕공대신에 대해서도 역시 엄격히 제압하여 조금이라도 뜻에 맞지 않으면 바로 파면시키거나, 가산을 몰수하고 목을 베었다. 그리하여 청나라 황제 중에서 그는 수단이 악랄하고 가혹한 정치로 유명하다.

진시황의 '분서갱유'와 함께 중국 역대의 필화사건을 몇 가지 살펴보았다.

말과 사슴도 구별 못하는 바보
─지록위마

指鹿爲馬

사슴을 가리켜 말이라 한다는 뜻으로, 윗사람을 농락하고 권세를 함부로 부리는 것을 비유한 말.

指 : 가리킬 **지**
鹿 : 사슴 **록**
爲 : 할 **위**
馬 : 말 **마**

"사슴을 가리키며 말이라고 한다"라는 이 '지록위마'는 진나라의 환관 조고趙高가 2세 황제에게 말을 바쳐 사슴이라 일컫고 여러 신하 중에서 사슴이 아니고 말이라고 하는 자를 벌주었다는 고사성어로 지금은 "윗사람을 농락하여 권세를 마음대로 휘두르는 것"을 말한다. 이 이야기는 《사기 · 진이세기秦二世紀》에 그 내용이 있다.

진시황의 허무한 죽음

기원전 210년, 진시황은 산동성 일대를 순시하였다. 그를 수행한 사람은 승상인 이사李斯와 그가 가장 총애하는 아들 호해胡亥, 그리고 어가를 관리하는 환관인 조고趙高 등이 있었다. 그들이 산동 평원에 도착했을 때는 마침 삼복더위였

는데 진시황은 그만 더위를 먹어 병석에 눕게 되었고 병세
가 급속히 악화되었다. 이리하여 그들은 지금의 하북성 평
향 동쪽인 사구沙丘로 가서 요양을 하게 되었다. 진시황은
큰아들 부소扶蘇에게 황위를 계승할 것을 유언하였으나, 사
자를 보내 그 유언을 전할 사이도 없이
그만 사구 평태平台에서 진시황의 명성
에 걸맞지 않게 결국 더위를 먹은 것이
발단이 되어 병사하고 말았다. 조고는
유서를 봉하고 깊이 감추어 두고 사자
를 보내지 않았다. 승상인 이사는 황제
가 궁 밖에서 붕어하였기 때문에 여러
아들들이 천하를 다툴 것을 염려하였
다. 또한 백성들이 이 기회를 틈타 반
란을 일으킬 것을 두려워하여 진시황
의 죽음을 비밀에 부친 채 급히 수도인
함양咸陽으로 발걸음을 재촉하였다.

어가의 책임을 맡고 있던 환관 조고는 사람됨이 간사하고
음험한 자로 일찍이 호해에게 법률을 가르친 적이 있었으므
로 호해의 선생님인 셈이었다. 그는 호해가 황위를 계승하
기를 원하였다. 그래서 호해에게 황위를 뺏어오도록 부추기
면서 두 사람은 한 통속이 되었다. 그들은 또 승상 이사도

▲부소 묘
▼부소 묘에 대한 간략한
소개

유림榆林의 수덕현綏德縣에
있다. 그러나 역사서에는
부소묘가 어디에 있다는 기
록은 없다. 부소와 몽염이
유림에서 주둔한 적이 있다
는 기록이 있을 뿐이다.

끌어들였다. 이사는 몹시 재능이 있는 자로 진시황이 6국을 통일하는 사업에 커다란 공헌을 한 사람이다. 그는 처음에는 조고와 호해의 음모에 동의하지 않았지만, 호해 일당이 자신을 해할 것을 두려워하여 결국에는 이들과 한통속이 되고 말았다. 그들은 몰래 진시황의 유서를 없애버리고 큰아들 부소와 북흉노를 토벌한 유명한 몽염蒙恬 장군에게 자살하라는 유언을 날조하여서 사자를 보냈다.

부소는 조고 일당이 위조한 유언을 받고는 진짜인지 가짜인지 구별해 보지도 않은 채, 한바탕 통곡하고 난 후에 정말로 자살하고 말았다. 몽염은 자살하려 하지 않자 조고가 파견한 사자는 그를 붙잡아 감옥에 넣은 후에 억지로 독약을 먹여 죽였다. 사자가 돌아가 보고를 하자 호해·조고·이사는 기뻐하면서 재빨리 함양으로 돌아가 진시황이 붕어했다는 소식을 공포하고 호해를 옹립하여 즉위하게 하니 이 사람이 바로 진나라의 이세二世 황제다.

안하무인 조고

조고는 사구의 변고 속에서 호해를 황제 자리에 오르게 한 공으로 낭중령郞中令으로 승진이 되었고, 막강한 권한을 갖게 되었다. 기원전 208년 8월, 조고는 계교를 써서 이사를 죽이고 자신이 재상의 자리에 앉았으며 날마다 권세는 커져만 갔다. 그는 직권을 이용하여 자신과 의견이 다른 사람들을 모두 죽이니 다른 대신들이 자신의 잘못을 상주할까 두려웠기 때문이다. 조고는 자신이 모든 권력을 장악했음을 알고는 한번은 문무 백관들 앞에서 자신의 명령을 이들이 듣는지를 검증코자 하였다.

이리하여 조회 시에 사슴 한 필을 헌상케 하고 사슴을 가리키며 말하였다.

"폐하, 이 말은 소신이 올리는 명마입니다. 하루에 능히 천리 길을 걸을 수 있고, 밤에는 8백리를 걸을 수 있습니다".

황제는 자신 앞에 놓여져 있는 것은 분명히 사슴인데 말이라고 하니 자신이 꿈을 꾸는 것인가 하고 생각했지만 분명히 꿈은 아니었다. 그는 웃으면서 "승상이 잘못 보셨구려! 사슴을 보고 말이라고 하다니〔指鹿爲馬〕"라고 하였다. 그러자 조고는 갑자기 자리에서 일어서 눈을 크게 뜨고 좌우의 신하들을 살피더니 큰 소리로 말하였다. "이것은 분명 말입니다. 폐하, 어째서 사슴이라고 하십니까?" 하면서 자신의 의견을 굽히지 않자 어리석은 호해도 정신이 혼미해지기 시작하였다. 그러나 여전히 용기를 내어 "승상은 말이라고 하고, 나는 사슴이라고 하니 여기에 모인 문무백관들에게 물어봅시다. 이게 사슴인지, 말인지" 문무백관들은 이를 듣고 마음 속으로 안절부절 못하였다. 분명히 사슴이지만 만일 사실대로 말한다면 승상한테 죄를 짓는 것이고, 말이라고 하면 또 황제를 속이는 일이다. 그렇다고 대답하지 않을 수도 없는 일이다. 이때 조고가 큰 소리로 "여러분은 잘 보시오. 이렇게 몸이 둥글고 다리가 가늘고, 긴 갈귀가 있고, 귀는 뾰족하고, 꼬리는 굵은 것이 말이 아니면 무엇이란 말이오? 여러분들은 빨리 말하시오"라고 재촉하였다. 그러나 좌우에 있는 신하들은 침묵만 할 뿐이었다. 그러나 조고가 다시 재촉하자 어떤 사람은 조고가 무서워 말이라고 대답하고, 어떤 사람은 곧이곧대로 사슴이라 대답하였다. 그 일이 있은 후 조고는 사슴이라고 말한 신하들을 음모를 만들어 죽여 버렸다. 이후로 사람들은 자신의 안위를 생각하고는 다시는 조고에게 틀렸다고 말하는 사람이 없게 되었다.

조정을 자신의 손아귀에 넣은 조고는 호해에게 깊은 궁궐에 있게 하고, 대권을 한 손에 쥐었다. 이때 유방의 군대는 이미 진나라의 4대 요충지의 하나인 무관武關을 정복하고 관동 대부분 지역은 봉기군의 손에 들어가 있었다. 조고는 이세가 책임추궁할 것을 두려워하여 병을 빙자하여 조회에 출석하지 않고 암암리에 이세를 죽일 것을 음모하였다. 조고는 그의 아우인 낭중령 조성趙成으로 하여금 안에서 내응하도록 하고 적을 수색한다고 속여서 이세가 머물고 있는 망이궁望夷宮으로 병사를 파견하니, 이세는 달아날 길이 없음을 알고는 하는 수 없이 자결하였다. 조고는 이세의 조카인 자영子嬰을 옹립하고 그 직위를 낮추어 진왕이라 칭하였다.

기원전 209년, 진승陳勝과 오광吳廣이 봉기하였고 기원전 206년에 진나라는 백성들의 의거로 무너졌다. 206년에는 유방이 관중으로 진군해 들어오자 진은 완전히 멸망하였다.

진이세 호해의 무덤

진이세의 무덤은 서안시 대안탑 동남쪽 춘림촌春臨村 언덕 위에 있다. 그 누가 죽음은 인간에게 있어서 평등하다고 했던가? 죽음 후에 사자死者가 묻힌 무덤의 규모에 따라서 또 사후의 불평등이 이어지고 있고, 그 불평등은 산 세월보다도 더욱 긴 시간을 지탱하게 된다. 오로지 '죽는다' 는 사실만이 평등일 뿐이리라.

그의 아버지 진시황의 무덤은 진릉秦陵이라 하여 어마어마한 반면 이 망국의 황제는 평민의 무덤처럼 초라하기 그지없다. 서안에 가서 진시황의 병마용과 화청지는 많은 사람이 찾지만 이 초라한 망국의 무덤을 찾는 이는 아마도 거의 없을 것이다. 이 초라한 무덤마저도

진이세 황제릉

진이세 능원에 있는 '지록
위마'에 관한 조형물

사마천의 《사기》에 "진이세는 백성의 신분으로 두남杜南 의춘원宜春苑에 장사지냈다"는 구절에 근거하여 생기게 되었다. 청나라 때 섬서성의 순무巡撫였던 필원畢沅은 관중에 있는 역대 제왕들의 능을 답사하기를 좋아하였는데 지금 서안의 안탑구의 춘림촌에 있는 무덤이 이에 부합하다고 여겨 이곳에 '진이세황제릉'이라는 비를 세웠다. 그러나 이 곳이 정말 진이세의 무덤인지에 대해서는 여러 가지 의견이 제기되고 있지만 서안 지방정부의 적극적인 추진 하에 이곳은 진문화 여행지의 관광지역이 되었다. 그러나 찾는 이는 그리 많지 않고 무덤은 잡초가 우거져 있다. 기념관 안에는 진이세의 어리석음을 나타내는 '지록위마'를 나타내는 조형물이 전시되어 있다.

진시황의 성이 진씨라고?

한국인들의 중국여행이 빈번해지면서 병마용을 찾는 이들도 무척 많아졌다. 지난 여름 섬서성 서안의 병마용을 견학할 때 가이드가 한 말에 우리 일행은 한바탕 웃음을 지은 적이 있다. 그 가이드에 의하면 한 점잖게 생긴 사람이 진시황이 묻혔다는 여산驪山을 바라보고는 넙죽 큰 절을 올렸다. 그래 가이드가 이상하게 여겨 왜 그렇게 큰 절을 하냐고 물

으니 자신의 성이 진씨秦氏라서 조상님한테 절을 드렸다고
하더란다. 진시황이라고 하니 아마도 성이 진씨라고 생각한
모양이라고 하였다. 진시황의 성은 영嬴이고 이름은 정政이
다. 진秦은 나라 이름일 뿐이다.

일본어에서 바보를 뜻하는 말을 '바카' 라고 하며 그 한자
는 '馬鹿' 을 쓴다. 사전의 의미로 이 말은 본래 승려의 은어
로 범어의 우둔하다는 뜻인 莫迦〔moha〕에서 왔다고 하고
馬鹿이란 한자는 차자借字하여 쓰는 것이라고 하지만 '바
카' 라는 한자를 쓸 때는 오히려 '지록위마' 를 연상하게 된
다. 사슴도 말도 구별하지 못하는 사람은 그야말로 바보가
아닌가?

웃음 한번과 바꾼 나라의 운명
—일소실천하

一笑失天下

웃음 한번으로 천하를 잃다

一 : 한　　일
笑 : 웃을　소
失 : 잃을　실
天 : 하늘　천
下 : 아래　하

봉화로 제후를 놀린 유왕과 포사

　주나라 유왕幽王의 성은 희姬고 이름은 궁열宮涅이다. 선왕宣王의 아들이다. 유왕 3년(B.C. 779)에 포나라에서 미녀 포사褒似를 헌상하자 유왕은 그녀를 비에 봉하고 하루 종일 음주가무에 빠져 지내니 조정은 황폐해져만 갔다.

　포사의 성은 사似이며 포나라에서 헌상하였기 때문에 포사라고 한다. 즉 '포나라의 사씨'라는 뜻이다. 포사는 입궁한 후에 웃지를 않았다. 포사는 궁중생활에 습관이 되지 않았고 양아버지가 태자 의구宜臼에게 피살되었다는 소식에 마음이 울울하였다. 궁안의 아름다운 거처와 비단옷과 음식도 그녀를 웃게 하지 못하였다. 포사는 하루종일 수심띤 얼굴로 지낼 뿐이었다. 그러나 이런 수심에 찬 포사의 아름다움은 그 무엇과도 비할 것이 없었다.

유왕은 그녀의 웃는 모습을 보고 싶어 안달이 났다. 그러자 많은 대신들이 온갖 방법을 짜내어 유왕에게 아부하였지만 효과는 없었다. 하루는 유왕이 여산麗山으로 수렵을 나서는데 간신 괵석보虢石父가 봉화를 올려 제후들을 놀라게 하면 좋을 것 같다는 계책을 올렸다. 유왕은 이를 한번 시험해보기로 하였다. 여산에는 본래 서쪽 오랑캐의 침범을 막기 위하여 각각 몇십 리에 하나씩 20여 개의 봉화대가 있었다. 오랑캐가 공격해오면 봉화대에 하나 하나씩 연속하여 불을 붙이면 부근의 제후들이 보고는 곧 군대를 데리고 와서 구원할 수 있도록 하였다.

여산의 봉화대

유왕은 여산에 올라 봉화대에 불을 붙이라고 명령하였다. 그러자 부근의 제후들은 봉화 연기를 보고는 깜짝 놀라서 적병이 온 줄 알고 황급히 병사들을 데리고 구원하러 왔다. 급히 여산에 도착해 보니 적군은 한 사람도 보이지 않고 단지 북소리와 노래 소리만 들릴 뿐이었다. 모두 할 말을 잃었다. 유왕은 사람을 시켜 말했다. "대왕과 왕비가 불을 붙이고 논 것이니 돌아가십시오" 제후들은 몹시 화가 나고 기가 막혔지만 왕의 명령이니 어쩔 수가 없었다. 산 아래는 출동한 병사들이 뒤엉켜 한바탕 혼란이 일어났다. 포사

여산이라고 쓴 패방

는 이렇게 허둥대는 장면을 보고는 웃기 시작하였다. 이것이 바로 역사적으로 유명한 '봉화로 제후들을 놀린다(烽火戱諸侯)'라는 고사성어의 탄생 배경이다.

후에 포사가 아들을 낳자 유왕은 몹시 기뻐하며 이름을 백복(伯服)이라고 지었다. 기원전 774년, 유왕은 신(申)왕후와 태자 의구를 폐하고 포사를 왕후에, 백복을 태자에 봉하였다. 또한 아첨에 능한 간신 괵석보를 승상에 임명하니 백성들의 원성이 하늘을 찔렀다. 이때 주나라의 사관 백양(伯陽)은 "주나라가 이미 큰 화에 직면하였으니 피할 길이 없구나"라고 탄식하였다. 신왕후는 아들 의구를 데리고 친정인 신나라(하남 남양 북쪽)에 가서 이런 정황을 아버지 신후에게 고하자 신후는 몹시 분개하였다. 그리고 기원전 771년, 다른 제후들과 연합하여 서주를 공격하였다. 공격군이 성아래까지 쳐들어 오자 유왕은 황급히 봉화에 불을 붙이도록 명령하였다. 그러나 여러 차례 유왕의 장난에 놀아났던 제후들은 이번에도 또 포사를 즐겁게 해주려고 한 것이겠거니 생각하고 꿈쩍도 하지 않았다. 이리하여 주나라의 수도 호경이 함락되고 유왕과 백복은 피살되었으며 포사는 포로가 되었다(일설에는 피살되었다고 함). 이로써 서주 350여년 간의 역사는 종말을 고하였다. 이것이 바로 '일소실천하'의 진상이다. 《시경·소아(小雅)》에서도 "혁혁한 주나라가 포사로 망하였다"라고 하며 사람들에게 교훈을 주고 있다.

포사 출생의 비밀

포사는 원래 버린 아이로 어느 부부가 주워다가 길렀다고 하는데 그 전설은 다음과 같다.

하나라가 망할 때 궁정에서 두 마리의 신룡이 교미를 하면서 "우리는 포나라의 두 선군이다"라고 하였다. 하나라 왕은 이 용들을 죽여야 할지, 쫓아내야 할지, 아니면 교미를 멈추게 해야 할지를 알 수 없었다. 그래서 점을 쳤더니 불길하다는 점괘가 나왔다. 또 이 용들의 침을 잘 간수해야만 길하다는 점괘도 나왔다. 그래서 제물을 바치고 성대하게 제사를 지내니 두 용이 사라졌는데 그 자리에 침이 고여 있었다. 하나라 왕은 이 침을 얼른 상자 안에 넣어 봉한 후 잘 보관하였다. 하나라가 망한 후에 이 상자는 은나라로 전해졌으며, 은나라가 망한 후에는 또 주나라로 전해졌다. 이렇게 세 나라로 전해지는 가운데 어느 누구도 감히 이 상자를 열어보려 하지 않았다. 그러다가 주나라 여왕勵王 말년에 상자를 열게 되었다. 여왕은 주나라 9대 왕으로 재물을 탐하고 여색을 좋아한 잔혹한 임금으로 이때에 여기저기서 폭동이 일어나 사회는 불안정하고 주나라는 쇠퇴하기 시작하였다.

포사의 조각상

아무튼 상자를 열자 용 침이 궁궐에 흘러 넘쳐 아무리 해도 닦아 낼 수가 없었다. 그러자 여왕은 궁녀들의 옷을 벗겨 알몸으로 만든 후 큰소리로 용 침을 불러 모으라고 하였다. 나체의 궁녀들이 용침을 불러 모으자 마침내 용 침은 커다란 검은 도마뱀으로 변하더니 여왕의 후비의 궁 안으로 들어갔다. 궁 안에는 겨우 6,7세의 어린 궁녀가 있었는데 마침 이 도마뱀과 마주쳤다. 후에 이 어린 궁녀가 자라서 남편도 없이 임신을 하고 아이를 낳았다. 궁녀는 겁이 나서 이 아이를 버렸다.

주 선왕宣王 때에 "산뽕나무로 만든 활과 기나무로 만든 화살통이 주나라를 멸망하게 할 것이다"라는 노래가 유행하였다. 이 노래를 들은 선왕은 마침 산뽕나무로 만든 화살을 팔고 있던 부부를 죽이라고 명령하였다. 이 소식을 접한 부부는 도망가다가 궁녀가 버린 여자아이를 발견하고는 불쌍히 우는 모습을 보고 데리고 포나라로 도망갔다. 후에 여왕이 포나라를 공격하자 포나라 사람들은 이 소녀를 여왕에게 헌상하였다. 그래서 그녀를 포사라고 불렀다.

포사는 왜 웃지 않았을까? 최고의 실력자가 사랑해주고 온갖 재물이 있어도 그녀를 웃지 못하게 한 이유는 무엇일까? 그녀에게는 권력도 재물도 싫었던 이유가 있었을까? 양아버지가 태자 의구에게 피살되었다는 소식만으로 그녀의 웃음을 빼앗아갔다고 하기에는 미진한 무엇이 남는다. 역사의 기록에는 없지만 그녀에게 또 다른 사랑하는 사람이 있었던 것은 아닐까?

이 이야기를 잘 살펴보면 서주가 멸망한 것은 역사의 궤적을 밟은 것임을 알 수 있다. 포사의 웃음이 직접적인 원인이라고 보기 어렵다. 포사가 웃었던 것은 임금이 무능하고, 간신들이 아첨하는 것을 보고 웃었던 것은 아니었을까. 무능한 임금 아래에 신하들은 아첨이나 일삼으며 백성과 군주를 위해서는 하는 일이 없었다. 온 나라의 인심이 모두 등을 돌리고 사방에서 위기가 도사리고 있었기 때문에 서주가 멸망한 것이지 어찌 포사의 웃음 때문이라고만 할 수 있는가? 역사에서는 나라가 망할 때 꼭 여자를 등장시켜 멸망의 원인을 여자에게 전가시켜 왔다. 이제는 그런 여자의 입장에서 역사를 다시 한 번 살펴 볼 필요가 있다.

미녀 포사의 고향—섬서성 한중시

기원전 779년, 유왕이 포나라를 정벌하자 포나라에서 제일 미인인 포사를 헌상하여 전쟁을 종식시켰다. 포사의 고향인 하동점진河東店鎮은 섬서성 한중시 한태구에 있다. 원래는 현縣으로 포성현褒城縣이었다. 포수褒水와 한수漢水가 합쳐지는 곳이다. 또 이곳에는 '세계 제 9대 기적'이라고 하는

포사의 고향

"하나라 포국의 옛 지역, 주나라 포사의 고향"이라고 쓰여있다. 한중시 인민정부가 1995년 6월에 세웠다.

포사도褒斜道가 있는데 세계에서 최초로 만든 인공도로라고 한다. 이곳에는 현재 그 지역 이름을 딴 포하褒河가 유유히 흐르고 있다. 포하는 섬서성 남쪽의 작은 강이지만 포사 때문에 유명해졌다. 이 지역은 옛날의 포나라에 속하였다. 하나라 때 포라는 나라 이름으로 성姓을 하사받았다. 포나라는 하나라의 제후국이므로 관례에 따라 하나라의 천자에게 조공를 바칠 의무가 있었다. 포나라의 공물은 포하를 따라 위하渭河를 거친 후 황하를 건너 하남성에 있는 하나라의 수도에 도착하였다.

하나라와 상나라 때 포나라는 변방에 있었기 때문에 비교적 평온하게 농경과 어업으로 생활하였다. 중원문화는 끊임없이 진령산맥을 넘어서 포나라에 들어왔고 다시 파촉으로 전해졌다. 주나라가 은나라를 공격할 때 포나라는 촉나라의 세력범위에 있었기 때문에 이 전쟁에 참가하였다. 이후 포나라와 주왕실은 경제 문화 교류가 더욱 빈번해졌다.

주 선왕 때 포나라는 여전히 주왕실의 제후국이었지만 진령산맥이 가로놓여 명령이 제대로 전달되지 않았다. 게다가 촉나라는 끊임없이 한중지역으로 확장을 꾀하였기 때문에 정상적으로 주왕실에 공물을 바치지 못하였다. 이런 이유로 서주 말년에 유왕은 포나라를 정벌하였다. 이때 포나라는 전쟁을 종식시키려고 나라에서 제일 예쁘다는 포사를 유왕에게 헌상한 것이다.

춘추시대에 이르러 동주는 이미 포나라를 돌아볼 여지가 없게 되었고 촉나라는 한중분지를 장악하였다. 전국시기에 이르자 포나라는 진나라, 촉나라, 초나라의 각축장이 되었고 결국 포나라는 초나라에 병합됨으로 포나라의 운명은 종말을 고하였다.

진나라 말 초나라와 한나라의 전투로 이곳이 또 한번 유명해졌다. 기원전 208년에 초나라 회왕은 누구든지 함양을 먼저 공격하는 사람이 왕이 된다고 약속하였다. 결과는 유방이 먼저 진나라의 수도인 함양을 공격하였다. 항우는 약속을 어길 수 없어서 자신을 '서초패왕'에 유방을 '한왕'에 봉하였다. 유방은 한중으로 물러나오면서 포사고도褒斜古道의 잔도栈道를 불태웠다. 포사고도는 관중과 한중을 이어주는 가장 가까운 잔도로 관중의 사수斜水와 한중의 포하를 연결한다.

잔도란 험한 벼랑에 선반을 매달 듯이 낸 길을 말하는데 유방이 이 잔도를 불태운 것은 다시는 관중을 탐하지 않겠다는 의도로 항우를 착각하도록 만들었다. 그러나 오래지 않아 유방은 장량의 계책에 따라 기원전 206년, 병사들을 파견해 자신이 불태웠던 잔도를 다시 복구하였다.

또 포하에서 조조가 쓴 유명한 '곤설袞雪'이라는 석각이
1969년에 발견되었다.

조조의 곤설袞雪

건안 11년(207) 어느날, 조조가 문무백관을 거느리고 한중시에 있는 석문잔도石門棧道의 포
곡褒谷에 이르렀다. 맑은 포수褒水가 계곡으로 흐르며 커다란 바위에 부딪히면서 잔물결을
흩뿌리는 것이 마치 눈보라를 날리는 것 같았다. 조조는 이 대자연의 경치에 도취되어 〈곤
설袞雪〉이라는 두 글자를 썼다. 글이 완성되자 모두 글씨를 칭찬하면서도 '곤袞' 자에 삼수
변이 없는 것에 대해서는 누구도 묻지 않았다. 한 젊은이가 "승상대인, 승상의 글씨가 참
으로 좋습니다. 그런데 '곤' 자에 세 점이 빠져 있습니다"고 하였다. 조조는 이를 듣고 껄껄
웃은 후에 굽이치며 흐르고 있는 포수褒水를 가리키며, "곤袞의 바로 옆에 물이 있는데 어
찌 물이 빠졌다고 할 수 있는고?"라고 대답하였다. 본래 곤설袞雪이라고 써야 할 것을 조
조는 일부러 삼 수(氵)를 빼고 곤袞으로 썼던 것이다. 1969년 석문에서 저수지를 수리할
때 이 글씨가 발견되었다. 실제 각석 유물은 한중시 박물관에 소장되어 있다.

밀까? 아니면 두드릴까?
—퇴고

推敲
글을 지을 때 여러 번 생각하여 고치고 다듬는 일

推 : 밀 **퇴**
　　옮길 **추**
敲 : 두드릴 **고**

퇴고의 유래

글 쓰는 사람들에게 어휘의 선택은 참으로 고행과도 같다. 특히 정해진 자수대로 시를 지어야 했던 당나라 시인들에게는 고행길과도 같았을 것이다. '퇴고' 라는 고사성어에서 이런 어려움을 잘 엿볼 수 있다.

퇴고는 글을 지을 때 여러 번 심사숙고하여 고치고 다듬는 것을 말한다. 이 고사성어의 주인공은 당나라의 시인 가도賈島와 한유韓愈다.

가도는 시어 하나를 위하여 많은 시간과 온갖 심혈을 기울인 시인으로 유명하다. 그래서 가도를 고음파苦吟派 시인으로 분류한다. 가도는 몇 년에 걸쳐 시 한 수를 만들기도 하였는데 시가 완성된 후에는 너무나 기뻐서 눈물을 흘렸다

가도묘

나귀 위에서 시를 생각하
는 가도

고 한다. 기뻐만 한 것은 아니고 이런 자신을 또한 가엽게 여겼다. 물론 모든 시가 이렇게 완성된 것은 아니지만 그의 시에 대한 정성이 이러하였다.

하루는 가도가 나귀를 타고 장안 길을 가고 있었다. 마침 시 한 수를 고민하고 있던 터였다.

그러나 가도는 한 곳이 마음에 들지 않아 어떤 글자를 써야 할지 고민 중이었다. 즉 '조숙지변수鳥宿池邊樹, 승고월하문僧敲月下門'이라는 구절에서 퇴推자를 고敲로 바꾸어야겠다고 마음먹었다. 그런데 생각해보니 '고敲'자도 그다지 적합한 것 같지 않았다. 다시 '퇴推'로 하는 것이 좋을 것 같았다. '퇴推'로 할지 '고敲'로 할지 결정하기가 여간 힘든 것이 아니었다. 그래서 두 글자를 넣어 시를 중얼거리면서 손으로는 미는 흉내도 냈다가 두드리는 흉내도 내었다. 옆의 사람들이 이상한 사람이라고 쳐다보는 것도 모른 채 정신없이 자기 생각 속에 파묻혀 가다보니 자기도 모르게 타고 있던 나귀가 당시 경조윤京兆尹이었던 한유가 행차하는 의장대 속으로 들어가고 말았다.

관졸들이 '물렀거라'를 외쳐댔지만 시 짓기에 여념이 없던 가도의 귀에 들릴 리가 만무하였다. 의장대를 혼란하게 만든 가도를 포졸들이 한유 앞으로 끌고 왔고, 한유가 어찌 된 영문인지를 묻자 가도는 자신이 짓고 있던 시를 한유에게 들려주었다. 그리곤 어느 글자를 쓰면 좋을지 몰라 고민하다가 행차를 발견하지 못했다고 하자 한유는 가도에게 말했다.

"내가 보기에 '고鼓' 자로 쓰는 것이 좋겠네. 기왕에 조용한 밤에 친구를 방문하는데 문을 두드려야 예의가 있는 사람 아니겠는가? 정적 속에 문 두드리는 소리가 나니 좋을 테고 말이지. 게다가 큰소리로 읽을 때 좀더 낭랑하지 않겠는가?"

가도는 한유의 말을 듣고 머리를 끄덕이며 이를 받아들였다. 이 일로 한유와 가도는 친구가 되었다. 의장대를 피하지 않았다고 하여 벌 같은 것을 받지 않았음은 물론이다.

퇴고는 이때부터 사람들에게 회자되는 용어가 되었으며 문장을 짓거나 일을 할 때 여러 번 반복하여 생각하고 고려하는 의미가 되었다.

이와 같은 이야기는 《유공가화록劉公嘉話錄》과 《감계록鑑戒錄·가오지賈仵旨》에 있는 내용이다. 《유공가화록》은 당나라의 위순韋絢이 유우석劉禹錫에게서 들은 말을 기록해 놓은 것이고, 《감계록》은 오대십국 시대의 하광원何光遠이 쓴 책이다. 남송의 계유공計有功이 지은 《당시기사唐詩記事》의 내용도 글자는 약간 다르지만 전체적인 내용은 위와 같다.

가도가 퇴推자를 써야 할지, 고敲자를 써야 할지 고민했던 시의 제목은 《제이응유거題李凝幽居》라는 시로 전체 내용은 다음과 같다.

한가롭게 지내니 함께 하는 이웃도 적어

풀 덮인 오솔길은 황폐한 정원으로 통하네.

새들은 연못가 나무 위에서 잠들고

스님은 달빛 아래 문을 두드리네.

다리를 건너오니 들판의 색도 구별되고

흐르는 구름 그림자에 돌이 움직이는 듯 하네.

잠시 떠났다가 다시 이곳으로 돌아오니

함께 은거하겠노라는 약속 어기지 않았네.

閑居少隣幷(한거소린병),

草徑入荒園(초경입황원).

鳥宿池邊樹(조숙지변수),

僧敲月下門(승고월하문).

過橋分野色(과교분야색),

移石動雲根(이석동운근).

暫去換來此(잠거환래차),

幽期不負言(유기불부언)

가도의 생애

가도(779~843)는 당나라 때의 시인이며 자는 낭선浪仙이고 범양范陽 사람이다. 특히 그는 동 시대의 맹교孟郊와 함께 '교한도수郊寒島瘦'라 일컬어진다. 이는 '맹교의 시는 차고, 가도의 시는 깡말랐다'는 뜻이지만 폄하의 뜻이라기보다는 그들의 개성을 말한 것이다. 즉 서정적인 면은 결핍되어 있지만 아주 세련되어 세세한 부분까지 공들여 묘사했다는 뜻이다. 요즘 말로 하자면 쿨한 멋이 있다고나 할까?

가도

가도는 일찍이 출가하여 승려가 되었으며 법명을 무본無本이라 하였다. 가도는 당시 수도였던 장안에 두 번을 갔는데 810년 32세 때 겨울에 장안에 와서 문인 장적張籍을 만나고 귀향하였다. 다시 2년 후 812년에 장안에 갔다. 한유의 권유로 후에 환속하여 여러 번 진사시험을 보았으나 계속 떨어졌다. 59세가 되어서야 겨우 장강현의 주부主簿를 지냈다. 843년에 사천성으로 귀양을 가서 보주普州라는 곳에서 사망하니 향년 64세였다. 가도의 시는 만당 때 새로운 유파를 형성하였으며 영향력도 있었다. 저서로 《장강집長江集》이 있다.

가공사

북경 방산구房山區 석루진
石樓鎭에 당나라의 가도를
기념하기 위해 2005년에
중건된 가공사다.

만당의 이동李洞, 오대의 손성孫晟 등은 가도를
몹시 존경하여 자신의 집에 그의 초상화와 시집
을 놓고 분향을 하면서 절을 하기도 하며 신처럼
모셨다고 한다.

그의 무덤은 사천성 안악현 교외에도 있지만 현재 중국에
서 가도의 무덤은 세 곳에 있다. 기록에 가도는 범양 출신이
라고 되어 있는데 지금의 하북성 탁주라고 한다. 그러나 그
를 기념하고 있는 의관총과 가공사賈公祠는 지금의 북경시
방산현의 석루진石樓鎭 이참촌二站村에 있으며 이곳 사람들
은 가도의 고향이 여기라고 한다.

가공사는 명대 영락 10년(1412)에 이상李祥이라는 장군이
방산성房山城 남쪽 문밖에 세웠다고 한다. 청 강희 37년(1698)
년에 방산지현이었던 나재공이 이참촌二站村 남쪽의 가도
묘 옆에 가공사를 건축하였다. 이것이 오늘날의 가공사의
전신이다. 그러다가 여러 번 증축과 파손이 이어지다가
2005년 4월에 다시 중건되었다. 중국 사람들은 어찌나 상상
력이 뛰어난지 가공사에는 각 건물의 이름도 그의 시에서
따와 지었다. 예를 들면 '월하재月下齋' 건물 안에는 가도와
한유의 석상을 만들어 안치하였고, 벽화는 '퇴고'가 만들어
지는 배경을 그려 넣었다. 그의 시의 정서를 나타내어 시가
깡마르다는 표현으로 '수시헌瘦詩軒'이라는 건물이름도 있

다. 몇백 년 전의 인물들이 우리 앞에 이렇게 나타나고 있는 것이다.

그런데 가도촌賈島村이라는 지명이 하북성 경현현에 있는데 이 마을 사람들은 가도가 일찍이 이곳의 운개사雲開寺라는 절에서 승려생활을 20여년 했다고 한다. 도대체 어느 곳이 확실한 가도의 고향인지 알 수가 없다.

가도의 가장 유명한 시는 중국의 소학교 교과서에도 실린 은거하는 노인을 찾았으나 만나지 못했다는 뜻의 〈심은자불우尋隱者不遇〉라는 시다. 중국 사람들은 거의 모두 이 시를 외우고 있다.

소나무 아래서 동자에게 물으니
스승님은 약초 캐러 가셨다 하네.
그래도 이 산중에 계실 텐데
구름이 깊어 어디 계신지를 모르겠구나.

松下問童子(송하문동자),
言師采藥去(언사채약거).
只在此山中(지재차산중),
雲深不知處(운심부지처).

장안성루

서안에서 문우를 그리며

가도가 한유를 만난 곳
에 대해서는 낙양에서 만
났다는 설과 장안에서 만
났다는 설이 있다. 그러나
퇴고의 고사 중에서 경조
윤이었던 한유를 만났다고
한 것을 보면 장안이라고
생각할 수 있다. 만일 장안에서 만났더라면 어디쯤일까? 이
전의 장안이었던 서안 시내를 걸으면서 가도가 한유를 만나
서 천고의 시를 남겼듯이 그런 글벗을 만날 수 있을까 하는
설레임이 인다. 이쯤일까? 저쯤일까? 어디쯤이었을까? 지
금은 여유롭게 타고 다닐 나귀도 없고 정신없이 달리는 자
동차들만 가득하니 서안성에 올라가 찾아볼까? 서안성에
올라서 천여 년 전에 노새를 타고 시상에 푹 빠졌던 가도를
상상하며 서안 시내를 둘러본다.

경위가 분명하나니
─경위분명

涇渭分明

사물의 우열이나 시비가 일목요연하거나 경계가 분명한 것

涇 : 통할 **경**
渭 : 강이름 **위**
分 : 나눌 **분**
明 : 밝을 **명**

우리는 일상사에서 '경위가 밝다' '경위가 분명하다' '경위를 따지다' 는 말을 자주 쓰고 있다. 이 경위는 중국의 강이름인 경하涇河와 위하渭河에서 온 말이다.

'경위가 분명하다' 의 본래 뜻은 경하와 위하의 두 줄기 강물 빛이 하나는 맑고 하나는 탁한 것이 분명하여 사물의 우열이나 시비가 일목요연하거나, 경계가 분명한 것을 말한다. 중국에서도 '경위분명', 또는 '경위자명涇渭自明' 이라고 하여 자주 쓰고 있다.

《천자문》에도 '배망면낙背邙面洛, 부위거경浮渭據涇' 이라는 구절이 있는데 이는 당나라 때의 동쪽 서울인 낙양과 서쪽 서울인 장안의 지리적 형세를 묘사한 것이라고 해석되어 있다. 즉 동경東京인 낙양의 뒤는 북망산이 있고 앞에는 낙수

경하와 위하

가 있으며, 서경西京인 장안은 위하 가에 있고 경하를 의지하고 있다고 설명하고 있다.

경위분명의 뜻이 '시비가 일목요연' 하거나 '경계가 분명한 것'을 말하고 있지만 한·중·일 삼국의 경위분명의 해설은 제 각각 다르고, 중국에서도 역대로 이 경위분명이 불확실하여 매번 골머리를 앓았다.

경위가 분명해야 될 텐데 그렇다면 경하와 위하의 강물 중 어느 것이 맑고 어느 것이 탁할까? 경위분명은 역사적 흐름 만큼이나 변화가 심하다. 시대마다 두 강의 청탁淸濁이 서로 달라 사람들을 혼동하게 만든다.

우리의 국립국어원 표준대사전에는 경위를 "사리의 옳고 그름이나 이러하고 저러함에 대한 분별. 중국의 징수이[涇水] 강의 강물은 흐리고 웨이수이[渭水] 강의 강물은 맑아 뚜렷이 구별된다는 데에서 나온 말이다"라고 설명되어 있다. 즉 경탁위청涇濁渭淸으로 해석하고 있다.

중국에서는 어떻게 해석할까?

우선 첫 번째 설은 3천여 년 전에 나온 《시경》 속의 경위분명으로 《시경 · 패풍邶風》〈곡풍谷風〉에 "경수는 위수로 탁해졌다. 본래 그 물은 강바닥이 보일 정도로 맑았다"는 '경청위탁涇淸渭濁' 설이다. 당시에는 경하의 맑은 물이 탁한 위하로 흘러들었을 때 두 강의 물이 합쳐지는 곳에는 분명하게 맑고 탁한 경계선이 생겼기 때문에 이런 '경위분명'이란 말이 생겨났다.

또 하나의 설은 1천여 년 전의 경위분명으로 "경수는 탁하고 위수는 맑다"는 '경탁위청涇濁渭淸'이다. 이는 시인 두보가 〈추우탄秋雨嘆〉에서 "탁한 경수, 맑은 위수를 어찌 나눌 것인가?"라고 했는데 두보가 살았던 당나라 때 위수는 맑고 경수가 탁하였던 모양이다. 그러므로 현재 국어원의 대사전은 당나라 때부터의 경탁위청의 설을 따르고 있는 셈이다.

그러나 중국 《현대중국어사전》에는 "경하의 물은 맑고, 위하의 물은 탁하다. 경하가 위하로 유입되어도 청탁은 섞이지 않는다"라고 되어 있으니 '경청위탁'으로 해석한다. 시경의 설을 따르고 있다. 모로하시 데쯔지의 《대한화사전》에는 두보의 '경탁위청'을 따르고 있지만 일설에는 또 '경청위탁'이라고도 한다라며 한발 빼는 모습을 보이고 있다.

중국에서도 역대로 이것이 무척 혼란스러웠던 모양이다. 건륭황제는 신하에게 도대체 어찌 된 영문인지를 물어보았

경위분명
탁하고 맑은 두줄기 물이
나란히 흐르고 있다.

고 결국은 섬서성 순무巡撫였던 진
승은秦承恩에게 확실하게 조사하
라고 하명을 내렸다. 진승은은 직
접 조사를 하고는 "경수는 북쪽에
있고, 위수는 남쪽에 있는데 경청
위탁이 맞습니다"고 답하여 또
《시경》설을 따르고 있다.

왜 이런 현상이 생긴 것일까? 어떻게 강물이 이렇게 흐렸
다 맑았다 할 수 있는가? 본래 '경청위탁' 이었는데 두보의
시에서는 '경탁위청' 이 된 것일까? 두보가 잘못 말한 것일
까? 경위분명의 어원은 분명히 《시경》에서 그 어원을 찾을
수가 있는데 3천여 년 전의 두 강의 물빛은 지금과는 다른
것이었을까?

《시경》이 쓰여진 선진先秦시기에 황토고원의 기후는 온난
하였으며 삼림이 무성하였고 숲은 비옥하였다. 현재와 같은
강물로 인한 토사유실도 그다지 심각하지 않았으며 지형이
바뀌는 현상도 없었다.

《시경》당시 위하가 흘러 내려오는 관중지역은 인구가 조
밀하고 농업이 이미 상당히 발달한 수준에 있었기 때문에
농업재배로 인하여 땅은 이미 파괴되고 있었다. 자연히 위
하가 탁하고 경하가 맑은 현상이었을 것이다. 그러나 진한

시기에 이르러 황토고원이 개발되어 수분과 토양의 유실이 나타나기 시작하자 경하는 진흙이 가득 포함되어 탁하고 위하는 맑은 현상이 나타나게 되었다. 그래서 당나라 시인 두보는 "탁한 경수와 맑은 위수를 어찌 구분할 것인가"라고 한탄을 하게 된 것이다.

위하는 황하 최대의 지류로 감숙성에서 발원하여 섬서성을 거쳐 황하로 들어간다. 관중평원과 8백리 진천秦川을 지나온다.

경하 역시 위하의 지류로 영하寧夏에서 발원한다. 이 두 강물은 서안 고릉현高陵縣 선장촌船張村이라는 곳에서 합류한다. 우리가 쓰는 '경위가 분명하다'는 말은 경하와 위하의 두 강이 합류하는 바로 이 지점에서 생겨났다. 경하와 위하가 합쳐지지만 맑은 물과 탁한 물이 분명하게 나뉘어서 계속 흐르기 때문에 경계가 분명하게 흐르고 있다. 현재 두 강이 합쳐지는 곳에서 볼 때 위수가 경수보다 탁하다. 많은 전문가들이 직접 탐색해본 결과도 경청위탁의 현상이었다. 이리되면 경위분명의 강물 색은 경청위탁→경탁위청→경청위탁으로 바뀌었음을 알 수 있다.

현재 위수는 더럽고 냄새가 나며 수 킬로미터를 검은 오수가 내려오면서 바다로 나간다. 그 원인의 하나는 서안 이남의 보계寶鷄 지역에 있는 제지공장의 폐수가 흘러 들어간

경위가 분명한 강물

것이고, 둘째는 서안의 생활오수로 이 오수가 흐르는 개천의 너비는 30여 미터에 이르는데 거대한 이무기처럼 밤낮으로 흘러가고 있다. 이 물이 경하와 위하가 만나는 곳에서 경수와 혼합하여 검은 물과 누런 물이 확연히 갈라진다. 두 강물이 합쳐진 후에는 악취를 품은 채로 내려가니 하남성 연안은 모두 악취가 나며 그 검은 빛을 보고 있으면 이 물을 먹을지도 모르는 하류의 주민들이 안타깝다.

더운 여름날 강가에서 악취도 느끼지 못하는지 뛰노는 아이들을 보면 참으로 측은한 생각이 든다. 저 순진한 얼굴에 지척에서 악취를 뿜어내는 저 물이 얼마나 이들의 생존을 위협하는 것인 줄을 모르니….

'경위분명' 이라는 고사성어의 뜻을 보기 위하여 매년 이곳에 오는 사람이 적지 않다. 현재 이 지역에서는 이미 이를 관광상품으로 개발하여 유람선을 띄워 '경위분명' 을 많은 여행객들에게 보여주고 있다. 고사성어를 이용한 관광상품이 중국 도처에서 넘쳐난다.

물고기도 기러기도 부끄러워요
(중국의 4대 미녀-1)

―침어낙안

沈魚落雁

물고기는 연못 속에 잠기고 기러기는 하늘에서 떨어진다는 뜻으로, 아름다운 여자의 고운 얼굴을 최대한으로 형용하는 말.

沈 : 잠길　**침**
魚 : 물고기　**어**
落 : 떨어질　**락**
雁 : 기러기　**안**

서시의 용모에 물고기도 숨다

미녀를 형용하는 말들은 많다. 경국지색이니 화용월태花容月態니 단순호치丹脣皓齒 같은 말도 있지만 그 중에서도 "침어낙안沈魚落雁 폐월수화閉月羞花"는 중국의 4대 미인과 밀접한 관계가 있다. 4대 미녀 중 하나인 양귀비하면 당나라의 현종과 함께 장안이 떠오른다. 네 미인 중 양귀비와 왕소군이 장안에서 살았다. 섬서성과는 관련이 없지만 4대 미녀를 이야기하는 김에 다른 두 명의 미인 이야기도 함께 하려 한다. 일반적으로 '침어낙안 폐월수화'라고 말하기 때문에 침어낙안부터 살펴 본다.

"물고기는 물 속에 잠기고 기러기는 땅에 떨어진다"는 '침어낙안'은 중국의 서시와 왕소군의 아름다움을 형용한 말이다.

춘추시대 월나라에 서시西施라는 미녀가 있었다. 그녀는 현재의 절강성 사람으로 성은 시施이고 이름은 이광夷光이며 별명은 서자西子다. 서시가 살던 마을인 저라촌은 동서로 나뉘어져 있었는데 시이광, 즉 서시는 서쪽에 살았기 때문에 서시라고 불리게 되었다. 서시가 바로 '침어'의 아름다운 용모를 지녔는데 그 전하는 이야기는 다음과 같다.

완사대교 아래의 강에서 빨래를 하고 있는 서시 조형물

서시는 완사계浣紗溪라고 하는 마을의 시냇가에서 종종 빨래를 하였다. 서시가 시냇가에서 빨래를 하고 있노라면 물 속의 물고기들이 그녀의 아름다움에 매료되어서 넋을 잃고 바라보다가 자신들이 서시보다 못생긴 것에 부끄러움을 느끼고는 감히 떠오를 수 없어 모두 물 속으로 가라앉았다고 한다. 그래서 아름다움을 나타내는 뜻으로 침어沈魚라는 말이 생기게 되었다.

기원전 494년, 오나라와 월나라가 전쟁을 하였는데 월나라는 패하여 오나라의 속국이 되었다. 월나라는 많은 보물을 오나라에 바치고 신하의 나라로 자처하게 되었다. 월나라왕 구천句踐은 미인계를 쓰리라 결심하고 자신의 심복인 범려范蠡에게 월나라에서 제일가는 미인을 찾아오라 시켰다. 범려가 월나라 방방곡곡을 헤매며 미인을 찾던 중 완사

계에서 빨래를 하고 있던 서시를 보고 한눈에
반하게 된다. 그러나 남녀의 정보다는 국사를
우선해야 하였으므로 사나이 대장부의 피끓는
마음만 간직한 채 사랑하는 여인 서시를 간택
하여 적국 오왕 부차夫差에게 바쳤다. 서시는
오나라에 간 후에 자신의 미모를 이용하여 오
왕 부차를 주색에 빠지게 하여 국사를 돌보지

못하게 하였다. 동시에 부차와 오나라의 대장인 오자서를
이간질하여 군사력을 약화시켰다. 이런 기회를 틈타 월왕
구천은 오나라를 공격하니 와신상담臥薪嘗膽의 숙원을 풀게
되었다.

　월나라가 오나라를 이긴 후에 서시는 고국으로 돌아왔
다. 그리곤 월나라의 대장이자 사랑하는 남자 범려와 함께
일엽편주에 몸을 맡기고 서호를 떠났다고 전해진다. 서시의
일생은 전기적인 색채가 농후하다. 산촌에서 빨래하던 일개
여자가 나라의 부흥이라는 중책을 맡고 자신의 미모와 재능
으로 적국왕의 애정을 독차지한다는 내용은 한편의 소설과
같다. 서시에 연관된 여러가지 이야기가 있다. 그중에 '효
빈效顰'이라는 말이 있는데 이는 "눈살을 찌푸리는 것을 흉
내낸다"는 뜻으로, 쓸데없이 남의 흉내를 내어 세상의 웃음
거리가 됨을 비유하여 이르는 말이다. 전하는 바에 의하면

서시는 가슴앓이 병이 있었다고 한다. 어떤 학자는 이 가슴앓이 병이 바로 폐결핵이라고 한다. 자료에 보면 서시의 피부가 너무 고와서 세상에서 가장 희다는 뜻으로 '천하백天下白'이라고 하는데 폐결핵에 걸리면 얼굴이 희다못해 창백하다고 하지 않는가? 그래서 그런지 서시는 가슴이 아파 늘 가슴에 손을 얹고 눈살을 찌푸리곤 하였는데 워낙 서시가 미녀였기 때문에 이마저도 아름다웠다. 그런데 동쪽 마을에 동시東施라는 아주 못난 여자가 살고 있었다. 남들이 모두 서시의 찡그린 모습도 예쁘다고 칭찬하자 자신의 얼굴은 생각지도 않고 찡그리고 다녔다고 한다. 그래서 효빈은 남의 단점을 장점인 줄 알고 흉내내는 것을 비유하는 말로도 사용된다.

서시를 기념하기 위한 서시문화공원이 항주시에 2003년 8월에 세워졌다. 항주시 소산구蕭山區 임포진臨浦鎭이 서시의 고향이라고 하는데 이 곳 역시 서시와 관련된 문화상품을 팔고 있다. 서시에 관련된 전설적인 이야기들에 의거한 여러 건물과 조형물들이 확대 재생산되어 만들어지고 있다. 역사는 이렇게 다시 만들어지는가?

왕소군의 미모에 기러기도 떨어지다

"기러기도 떨어진다"는 '낙안落雁'은 한나라 때의 미녀

왕소군王昭君과 관계가 있다. 왕소군의 이름
은 장牆이며 소군昭君은 그녀의 자다. 서한 원
제 시대 사람으로 고향은 지금의 호북성이
다. 어려서부터 인물이 출중하고 영리하였
다. 전해지는 바로는 왕소군이 국경을 넘어
흉노족에게 시집갈 때 등에 지고 있던 비파
를 내려 말 위에서 애절하게 한 곡조 뜯고 있

었다. 그 곡이 어찌나 슬픈지 멀리 남쪽으로 날아가고 있던
기러기떼들이 귀기울여 듣고 있다가 왕소군의 미모를 보고
는 너무 놀래서 나는 것조차 잊어버리고 떨어졌다는 이야기
다. 그래서 기러기가 떨어진다는 뜻의 '낙안' 이란 말이 생
겨났다.

왕소군이 17살 때에 한나라 원제는 천하의 미녀를 찾는
다고 포고하였다. 소군은 이때 미녀로 뽑혀 후궁으로 들어
가게 되었다. 당시의 황제는 사치스럽고 음
탕하여서 후궁들은 몇천 명이나 되었으므로
원제는 화공이 그린 초상화에 의하여 밤마
다 잠자리를 함께 할 후궁을 물색하였다. 수
많은 후궁들은 황제의 처소에 들기 위하여
화공에게 좀더 예쁘게 그려달라고 뇌물을
주기에 바빴다. 그러나 왕소군은 뇌물같은 것을 줄줄 몰랐

자개를 상감한 비파

기 때문에 화공은 왕소군의 얼굴에 주근깨를 그려 넣어 밉게 만들어 한번도 황제의 처소에 들지 못하고 후미진 궁 안에서 비파를 벗삼아 오랫동안 지내게 되었다.

　서한 때에 한나라와 흉노는 늘 전쟁을 하였는데 기원전 33년에 남흉노 한야선우韓邪單于는 장안에 머물면서 자신을 한나라의 신하라 칭하고 주동적으로 한나라와 사돈 맺기를 청하며 국경의 안녕을 도모하자고 하였다. 왕소군은 "스스로 자청하여 흉노에 가겠다"고 하여 변경의 화목을 도모코자 하였다. 왕소군을 배웅하는 연회석상에서 만조백관들은 그녀의 아름다운 용모를 바라볼 뿐이었다. 왕소군의 미모를 본 원제 역시 몹시 놀라고 후회하였으나 이미 때는 늦었다. 왕소군을 붙잡고 싶었으나 국가간에 한 약속을 바꿀 수도 없는 노릇이었다. 하는 수 없이 가슴 아프게 왕소군을 한야선우에게 시집보내는 수밖에 없었다. 왕소군은 자신을 희생하여 국경을 넘어 흉노에게 시집을 갔다. 왕소군이 국경을 넘은 것을 기념하기 위하여 한 원제는 이 해를 '경녕竟寧'이라 개원하였는데 그 뜻은 변경이 안녕하다는 뜻이다. 한야선우는 왕소군을 '영호연지寧胡閼氏(閼氏는 알씨, 혹은 알지라고 읽지만 흉노에서 황후를 호칭하는 말일 때는 연지로 발음)'에 봉하였는데 그 뜻은 왕소군이 흉노를 평안하게 하는 황후라는 뜻으로 이때부터 국경은 평안을 얻기에 이르렀다. 후세사람들은 왕소군이 고국을 떠나 흉노에 가서 우호를 맺은 영향이 후세에까지 이어지고 있다고 칭찬을 하곤 하는데 주은래도 일찍이 왕소군을 "중화민족을 대가족으로 단결하도록 하는데 가장 공헌을 한 인물"이라고 찬사를 아끼지 않았다.

왕소군 조각상
이 조각상은 후허호트 시의 왕소군 기념관 앞에 있다.

역사서에서는 왕소군이 "스스로 자청하였다"고 하지만 그것은 어디까지나 역사서의 기록일 뿐 왕소군이 정말 그랬을까는 미지수이다. 중국에서는 역대로 왕소군을 노래한 작품들이 많이 있는데 7백여 수의 시가 남아있으며, 또한 〈소군출새昭君出塞〉라 하여 소설, 희곡 작품도 많이 있다. 이백 · 두보 · 백거이 · 왕안석 등도 왕소군에 관한 시를 썼으며 두보는 왕소군의 무덤에 찾아가 술 한잔을 올리기도 하였다. 또한 근현대 작가인 곽말약 · 조우曹禺 · 전한田漢 · 노사老舍 등의 작가들도 왕소군에 관한 작품을 썼다.

"침어낙안, 폐월수화"란 말 중에도 '침어'를 제일 앞에다 놓은 것을 보면 중국의 4대 미녀 중에서도 서시의 미모를 으뜸으로 친 것 같다.

달도 부끄럽고 꽃도 수줍어요
(중국의 4대 미녀-2)
─폐월수화

閉月羞花

달도 눈을 감을 정도이고 꽃도 부끄러워할 정도의 미인임을 형용

閉 : 닫을　폐
月 : 달　　월
羞 : 부끄러울　수
花 : 꽃　　화

중국의 4대 미녀 중 서시와 왕소군을 '침어낙안'이라고 형용하였다면 나머지 두 명의 미녀인 양귀비와 초선貂蟬은 '폐월수화'라고 형용한다. 일반적으로 미인을 형용할 때는 이 여덟자를 합하여 "침어낙안, 폐월수화沈魚落雁, 閉月羞花"라고 한다.

여기서 달도 눈을 감을 정도의 미인을 뜻하는 폐월閉月은 바로 초선을 말하며, 꽃조차도 부끄럽게 만드는 아름다운 미인을 뜻하는 수화羞花는 양귀비를 말한다.

그렇다면 왜 초선을 폐월이라고 했을까? 그 연유는 다음과 같다.

달님도 숨게 만든 미인 초선

하루는 초선이 화원에서 달을 감상하고 있을 때 갑자기 미풍이 불어오더니 교교하게 빛나고 있던 밝은 달을 구름이 가리고 마는 것이 아닌가? 이 모습을 마침 왕윤王允이 보게 되었다. 왕윤은 자신의 딸의 아름다움을 선전하기 위하여 사람들을 만나기만 하면 "내 딸은 달보다도 예쁘다오. 내 딸이 뜰에 나서면 달님마저도 부끄러워 구름으로 얼굴을 가린다오"라며 자랑을 하고 다녔다. 이때부터 사람들은 초선을 '폐월'이라고 부르게 되었다.

초선은 본래 한나라 헌제의 대신 사도司徒 왕윤의 가기歌妓로 노래와 춤을 잘 추었으므로 왕윤이 몹시 총애하였다. 당시에는 동탁이 천자를 끼고서 전권을 휘두르며 제후들을 호령하고 있었으므로 대신들은 이런 처사를 몹시 분하게 생각하고 있었다. 왕윤도 신하된 자로서 어찌할 수 없는 자신을 탓하며 마음이 울울하여 밥맛도 없을 지경이었다. 초선은 주인이 우울해 하는 것을 보고는 달밝은 어느 밤 후원에 향을 켜고 땅에 무릎을 꿇고 앉아 주인을 위해 기도를 하였다.

"달님, 달님, 우리 주인님의 마음을 풀어주소서, 저는 시녀된 몸이지만 주인을 위해서라면 목숨도 아깝지 않습니다"

때마침 왕윤도 마음을 달래기 위하여 후원을 거닐다가 이 모습을 보고는 몹시 감동하였다. 그리고는 달려가 초선을 일으켜 세우고 지금의 정치상황을 말하고 동탁을 죽일 수 있느냐고 물었다. 초선은 그럴 수 있다고 대답하였고 이때부터 왕윤은 초선을 양딸로 삼게 되었다. 1여년 후에 왕윤은 양딸을 동탁에게 보냈고, 후에는 또 여포에게 허락했다. 동탁과 여포는 서로 초선을 차지하려고 다투게 되었고 여포는 동탁을 죽이고야 만다. 이것이 바로 왕윤이 노린 결과였다. 삼국지 이야기가 광범위하게 퍼짐에 따라서 초선이라는 이름도 유명해지게 되었다. 그래서 삼국지에서 삼절三絶이라 불리는 조조, 관우, 제갈량만큼은 안 되어도 대단한 지명도가 있게 되었다. 현재 경극 공연에서도 초선의 이야기는 많이 나오고 있는데 그 중 《봉의정鳳儀亭》의 내용도 이와 비슷하다.

　본래 초선은 사람의 이름이 아니라 한나라 때 여자 관리의 관명이다. 초선은 15살에 입궁하여 초선관貂蟬冠을 관리하는 일을 하였기 때문에 초선이라고 불렸다. 초선관은 담비꼬리와 매미 날개로 장식한 높고 네모난 관모를 말한다. 선蟬, 즉 매미는 고대에 옥공예품으로 자주 만들어졌으며 구멍을 뚫어 몸에 지녔다. 매미머리에 구멍을 뚫으면 패선佩蟬이라 하고, 매미 허리쯤에 뚫으면 초선이라 하고 구멍이 없는 것은 부장품으로 사용하였다. 모자 좌우에 바다거북이 과에 속하는 대모로 매미모양을 만들어 세 개씩 장식하고

초선관

그 위에 담비꼬리를 꽂아 장식하였다.

고증에 의하면 초선의 성은 임씨任氏고 어릴 적 자는 홍창
紅昌이라고 한다. 원잡극에서 그의 고향이 산서성 흔주忻州
의 목지촌木芝村이라고 한 구절에 의거하여 이곳이 초선의
고향이라고 한다. 이곳은 목이 버섯이 많이 나서 목이촌이
라고도 한다. 그런데 섬서성의 유림시 미지현米脂縣에는 초
선동이라는 곳이 있는데 이쪽 사람들의 말로는 이곳이 초선
의 고향이라고 한다. 도대체가 중국의 역사는 이렇게도 설
이 분분하니 참으로 혼란스럽기 그지 없다.

꽃보다도 예쁜 양귀비

'수화'는 양귀비를 말한다. 당나라 개원 연간에 당 명황
은 사치가 극심하였으며 도처에서 미녀를 구해오게 하였다.
이때 미녀 양옥환도 입궁하게 되
었는데 양옥환은 궁에 들어온 후
고향생각이 간절하였다. 하루는
그녀가 정원에서 꽃을 감상하며
시름을 달래고 있다가 활짝 핀 모
란과 월계화를 보게 되었다. 자신
은 궁 안에서 헛되이 청춘을 보내
고 있으니 실로 꽃보다도 못하다

화청지에 있는 양귀비
조각상

는 생각이 들어 자신도 모르게 "꽃아, 꽃아, 너는 해마다 이렇게 무성하게 피는데 나는 언제나 좋은 날을 보게될꼬"라고 탄식하였다. 그녀가 이렇게 말하고 꽃잎을 만지자 꽃잎은 금방 떨어져버리고 푸른 잎이 오그라드는 게 아닌가?

이때 그녀가 만진 것은 바로 다름 아닌 함수초含羞草, 즉 미모사였던 것이다. 그런데 이때 한 궁녀가 이 모습을 보게 되었다. 이 궁녀는 만나는 사람마다 양옥환이 꽃보다 아름다워서 꽃도 그녀를 보고는 부끄러워서 고개를 숙였다고 말하였다. 이 일은 당 현종의 귀에까지 들어가게 되었고 한번 만나고자 하였다. 양옥환은 아름답게 몸장식을 한 후 당 현종을 배알하니 과연 천하일색이었다. 그래 양옥환을 자신의 곁에 두고자 하였다. 양옥환은 애교가 많아서 금방 현종의 마음에 들었고 얼마되지 않아 귀비貴妃에 책봉되었다. 이 이야기는 중국의 경극 대가인 매란방梅蘭芳이 주연으로 나왔던 경극 《귀비취주貴妃醉酒》의 한 단락으로 양귀비를 수화羞花라고 형용한 것을 잘 표현하고 있다.

양귀비의 본적은 섬서성 화양華陽 사람인데 후에는 지금의 산서성 예성芮城으로 이사했다. 아이 적 이름은 옥환玉環으로 어려서부터 음률에 밝고 가무에 능했으며 뛰어난 미모를 지녔었다. 원래 당 현종의 18번째 아들인 수왕壽王 이모李瑁의 비였으나 나중에 현종의 부름으로 입궐해 호를 태진太

眞이라 했다. 천보 4년(745)에 귀비에 책봉되었고 현종의 총애를 받자 그 일가가 하루아침에 출세하여 세도를 부리게 되었다. 천보 15년(756), 안록산이 난을 일으켜 현종이 양귀비와 함께 사천 지역으로 피난가던 중 마외파馬嵬坡를 지날 때였다. 대장군 진현례陳玄禮는 귀비와 그 오라비 양국충楊國忠에게 이 난의 책임이 있다 하며 재상이었던 양국충을 죽인 뒤 양귀비를 죽이라고 현종을 위협했다. 결국 양귀비는 목을 매어 38세의 나이로 화려하면서도 기구했던 삶을 마감했다.

당나라 때 시인 백거이의 7언고시 〈장한가〉에는 이 사건이 생동적으로 묘사되어 있다. 다음은 〈장한가〉 중에서 양귀비가 죽음을 당하게 되는 부분이다.

궁성 안팎에서 전란의 연기와 먼지 일자,
천승만기의 황제일행 서남쪽으로 피난을 가네.
황제의 수레는 흔들흔들 가다가 멈추니,
서쪽으로 도성을 나선 지 백여 리라네.
군대가 나아가지 않으니 어찌할거나,
억지로 끌려 나간 미인 마외 언덕에서 죽네.
꽃비녀.땅에 떨어져도 줍는 이 없고,
어지러이 흩어진 비취 금작 머리장식들이여.

군왕은 얼굴을 가릴 뿐 구할 수 없으니,

돌아서 바라보며 피눈물을 쏟네.

구중성궐연진생(九重城闕煙塵生),

천승만기서남행(千乘萬騎西南行).

서출도문백여리(西出都門百餘里),

취화요요행복지(翠華搖搖行復止)

육군불발무내하(六軍不發無奈何)

완전아미마전사(宛轉蛾眉馬前死).

화전위지무인수(花鈿委地無人收),

취교금작옥소두(翠翹金雀玉搔頭).

군왕엄면구부득(君王掩面救不得),

회간혈루상화류(回看血淚相和流).

양귀비 무덤을 찾아서

양귀비는 죽은 후 마외 언덕에 묻혔다. 문헌기록에 의하면 당 숙종 지덕至德 2년(757)에 당 나라의 군대가 수도 장안(지금의 서안)을 수복하자 아들에게 황제의 자리를 양위한 현종이 비밀리에 양귀비 묘의 이장을 명령했다 한다. 따라서 지금의 묘가 원래 양귀비가 묻혔던 곳인지 이장한 후의 묘인지 아니면 양귀비의 의관총衣冠塚(죽은 이의 의관을 묻은 묘)인지는 고증할 길이 없다. 심지어 양귀비는 그때 죽지 않고 일본으로 피난가서 죽었는데 지금 그 무덤이 일본에 있다는 설까지 있다.

아무튼 서안에 간 김에 양귀비묘를 찾아갔다. 그러나 여행사의 버스기사도 양귀비 묘를 어떻게 가는지 몰라 물어물어 가게 되었다. 더구나 그 날은 40도를 넘는 무더운 날씨로 악명 높은 섬서성의 더위를 충분히 느낄 수 있는 날씨였다. 헉헉거리면서 차라리 포기하고 싶은 마음이 간절하였다. 그러나 고생끝에 찾아간 양귀비 묘는 비록 만들어놓은 것이긴 해도 규모는 생각보다 컸다. 지금의 양귀비묘의 입구문에는 횡서로 '양귀비지묘楊貴妃之墓'라고 씌어 있다. 안에는 세 칸짜리 옛 형식을 모방해 지은 사당이 있고 사당을 지나면 바로 무덤이 나온다. 무덤의 높이는 3m이고 봉토의 사방으로 푸른 벽돌이 촘촘히 둘러쳐져 있다. 전설에

양귀비 조각상
섬서성 홍평시興平市 마외파 양귀비 묘역 안에 있다.

양귀비 무덤

따르면 묘지 위의 흙을 얼굴에 바르면 얼굴위의 검은 점이 없어지고 피부가 희고 고와진다 하여 묘토를 '귀비분貴妃粉'이라 부르면서 근처 여자들이 앞 다투어 그 흙을 얼굴에 발랐고 외지 사람들까지 몰려와 묘토를 퍼갔다. 이 때문에 묘

양귀비 사당 정문
'당양씨귀비지묘'라고 쓰인 편액 옆에 중화민국 25년에 세워졌다고 쓰여있다. (흥평시 마외파 소재)

지가 점점 작아졌고 아무리 묘지기가 흙으로 메워도 금방 없어지곤 했다. 묘지 보호를 위해서는 벽돌로 덮어씌우는 수밖에 없었고 이후로는 사람들도 흙을 퍼갈 수 없게 되었다고 한다.

묘 앞에는 '당현종귀비양씨묘唐玄宗貴妃楊氏墓'라 새겨져 있다. 그 뒤에는 전시실이 있는데 역대 시인들의 작품을 감상할 수 있다. 양귀비 묘 뒤의 경사진 언덕 위에는 정자가 세워져 있는데 정자 주변에는 한백옥漢白玉으로 높이 3m에 달하는 양귀비 입상을 조각해 놓았다. 정말 양귀비가 저런 모습이었을까 하고 고개가 갸우뚱해졌다. 미모로 인해 유명해졌고 미모로 인해 죽어야만 했던 한 여인의 모습은 이제 흰 돌로 형상화되어 역사를 반추하게 할 뿐이었다.

미인에게도 흠이 있으니…

이상 중국의 4대 미인을 살펴보았는데 그중에서 서시가 가장 행복했다고 할 수 있다. 그녀는 결국에는 사랑하는 남자 범리와 여생을 보냈다. 왕소군은 정치적인 혼인으로 인해 고향을 떠나 멀리 타국에서 지냈지만 사랑을 받았다. 비록 타국 땅에서 죽었지만 왕소군이 한나라 궁에 있었다한들 더 행복했을지는 미지수다. 초선이 가장 비참하였다. 초선은 어려서부터 고독하고 힘들게 살았다. 왕윤의 양딸이 되어 그 은혜에 보답하기 위해서 두 남자를 따랐다. 동탁이 죽은 후에는 여포를 따랐지만 정치적으로 이미 쓸모가 없는 여자의 말로는 비참하기 그지 없는 것이었다. 미인박명은 초선에게 가장 잘 어울리는 것 같다. 양귀비의 사랑이 가장 낭만적이고 사랑을 많이 받은 여인이다. 양귀비와 당현종만을 위한 목욕탕 화청지, 천리길을 멀다않고 남방에서 생산되는 여지荔枝를 양귀비에게 공급하기 위하여 전문 파발마까지 있었다니 양귀비에 대한 현종의 사랑이 대단하다. 여지는 중국 남방의 특산물로 일반적으로 리츠라고 부르는 과일이다. 그래서 중국 사람들은 여지를 좋아하는 필자를 보고는 '강귀비'라고 놀려대곤 하였다.

여지(리츠)

재미있는 것은 이런 4대 미인들도 결함이 있었다고 한다. 전해지기로는 서시의 귀는 너무 작아서 특별히 귀걸이를 맞췄다고 한다. 작은 귀를 감추기 위하여 귀걸이를 한 후 귓밥을 늘려서 결함을 보충하였다고 한다. 왕소군은 발이 너무 커서 이를 가리기 위하여 땅까지 끌리는 긴 치마를 입었다고 한다. 그리고 초선은 몸에서 이상한 냄새가 났는데 몸종을 시켜 정원에서 생화를 꺾어다가 향료를 만들어 온 몸에 뿌리니 그 향내 때문에 모든 사람들을 사로잡았다고 한다.

양귀비의 결점은 걸음걸이가 너무 투박하여 발소리가 딱딱 딱 하고 나서 사람들의 신경을 곤추세우게 만들었다. 그래 서 몸에 패물이나 옥을 매달아 걸을 때마다 띵띵땅땅 듣기 좋은 소리를 내어 분위기를 만들었다고 한다. 제 아무리 미 인이라해도 무엇인가 한 가지는 모자라는 면이 있나보다. 그래야 다른 사람들에게 공평하다고 할 수 있지 않을까?

나라가 기울어질 정도의 미인
─경국지색

傾國之色

나라를 기울어지게 할 만큼의 미인을 형용하는 말.

傾 : 기울어질 경
國 : 나라 국
之 : 갈 지
色 : 빛 색

'경국지색'은 한 무제가 사랑했던 이부인의 용모를 형용한 말로서 나라가 기울어질 정도의 미인을 뜻한다. 한 무제의 일생은 마치 소설과도 같다.

한 무제(B.C. 156-87년)의 이름은 유철劉徹이며 한 경제景帝의 아들이다. 재위 기간은 기원전 140-87년간이다. 한 무제는 신선과 방술에도 열중하였으며 여색을 좋아하였다.

또한 건장궁建章宮을 지었는데 그 주위가 장장 20리에 달하고 그 안에는 온갖 진귀한 보물들과 2천여 명의 궁녀들이 있었다고 하는데 15살에서 20살 사이로 30이 넘으면 출궁시켰다고 한다. 당시 각 궁의 미녀들은 모두 1만 8천명이었으니 황제를 모시는 것은 그야말로 하늘의 별따기로 일생동안 황제 얼굴한번 못 보는 사람들이 부지기수였다.

한 무제 초상
중국 역사에서 유명한 황제 한 무제 유철

영웅은 또 여인들을 좋아하는 모양인지 한 무제의 애정 행각 또한 남다르다. 한 무제의 일생에는 유명한 여인이 4명 있었다.

첫 번째 여인 진황후

첫 번째는 "금으로 만든 집에 교嬌를 넣어두겠다"는 고사성어 "금옥장교金屋藏嬌"의 주인공 진황후陳皇后다. '금옥장교'의 '교'는 바로 한 무제의 사촌누이 진아교陳阿嬌를 말한다. 전해지는 바로는 무제와 진아교는 죽마고우로 고모인 장공주가 무제가 어릴 때 어떤 아내를 맞고 싶냐고 했더니, 사촌누이인 아교를 아내로 맞이하여 아교를 위하여 금으로 된 집을 만들어주겠다고 하였다. 그러나 역사는 이처럼 낭만적인 것이 아니라 사실은 정치적인 거래로 얼룩져 있다.

무릉武陵
한 무제 유철의 무덤

한 무제 유철은 경제의 비 왕미인이 낳았다. 경제는 이미 여러 아들들이 있었는데 그중 율희栗姬가 낳은 아들들이 가장 많았다. 율희는 경제가 가장 총애하던 비였으며 일찍이 그녀와의 사이에서 태어난 장자 유영劉榮을 태자로 세우기로 약속하였다. 그런데 경제가 왕미인을 총애하게 되고 아들까지 낳게 되었다. 전해지는 바로는 왕미인이 태몽을 꾸었는데 햇님이 뱃속으로 들어왔다고 한다. 경제는 이를 듣고 몹시 기뻐하며 길몽이라고 여겨 이 아들이 장차 크게 쓰일 것임을 예고하는 것이라고 하였다. 그러자 율희는 이를 듣고 몹시 화를 내었다.

당초 한 무제가 태자로 책봉될 때 의지한 것이 바로 그 고모 유표劉嫖인 장공주였는데 장공주는 경제와 동복의 누나로 아교라는 딸이 하나 있었다. 장공주는 자신의 딸을 태자비로 세워 후에 황후로 삼고자 하였다. 그래서 당시 경제의 총애를 받고 있던 율희의 뜻을 떠보았으나 율희는 한마디로 거절하였다. 원래 장공주와 경제는 사이가 좋아서 수많은 후궁들도 모두 장공주를 떠받들었다. 이런 장공주이다 보니 율희의 거절은 몹시 그녀를 화나게 만들었고 그 후 원한을 갖게 되었다.

왕미인은 이 소식을 들은 후 기회를 잡아 장공주를 위로하였다. 장공주는 율희에 대한 원한이 깊어 그냥 말나오는 대로 "흥, 제까짓 것이 뭔데, 내가 아교를 철(유철)이와 짝지워줘야지"하고 말하였다. 왕미인은 속으로 쾌재를 부르고는 겸손하게 장공주를 떠보았다.

"철이는 태자도 아닌데 어찌 감히 아교와 짝이 될 수 있겠어요?"

장공주는 눈썹을 곧추세우며 말했다.

"율씨가 제 아들이 제위에 오르면 황태후가 될 줄 알고 있나본데 내가 있는 한 그렇게는 안 될걸. 폐위되는 일이야 다반사잖아. 내 수단을 보라지."

왕미인은 총명한 여자로 장공주를 격분케 한 후 드디어 그녀와 암묵적으로 혼약을 정하였다. 그리고는 장공주를 불러서 친히 경제에게 혼담을 꺼내도록 하였다. 장공주는 아교와 함께 입궁한 날 유철도 불러들였다. 경제는 유철을 무릎에 앉히고는 어루만지면서 아교를 좋아하느냐고 묻자 대뜸 "만일 아교를 아내로 얻게 되면 금집을 만들어 줄 거에요"라고 하였다. 이리하여 두 집안은 혼약을 하게 되었고 장공주와 왕부인은 피차관에 돈독한 관계를 유지하고 율희를 제거하기로 암암리에 묵인되었다.

본래 경제는 태자를 세우는 것이 얼마나 중요한 것을 알기에 결국 율희가 낳은 큰아들 영을 태자로 정하기로 하고 율희의 마음을 떠보고자 말했다.

"내가 죽은 후에도 후궁들이 낳은 자식들에게 잘 대해주거라."

그러나 율희는 아무말도 하지 않았다. 경제는 속으로 한숨을 쉬고는 율희를 폐하기로 결심하였다.

이 일이 있은 며칠 후 장공주는 경제와 이야기를 나누다가 유철이 얼마나 효성이 지극하고 총명한지, 만일 태자가 된다면 틀림없이 대통을 이을 재목이라고 칭찬하자 경제 역시 마음이 움직였고, 구실을 만들어 태자 영을 왕으로 강등시키니 율희는 이때부터 실총하고는 냉궁으로 보내졌다. 그러다가 병이 들어 죽었다.

이리하여 유철은 태자가 되고 또 16살에 재위에 오르게 되었다. 그러나 황제가 되자 황후가 된 진아교와 그의 어머니 장공주는 더욱 교만해졌지만 진 황후 또한 후사가 없어 후에는 폐인이 되어 장문궁에 유폐되었다. 장문궁은 금벽이 휘황찬란하여 그래서 '금옥金屋'이라는 말이 나오게 되었다고 한다. 그러나 이 금집인들 무슨 소용이랴, 그것은 마치 지옥과 같은 것이었다. 그래서 그녀는 사마상여에게 많은 돈을 주고 《장문부長門賦》라는 노래를 짓게 하여 황제의 귀에 들어가 은총을 다시 받고자 하였다. 그러나 일설에는 사마상여와 함께 야반도주한 탁문군卓文君이 지었다는 설도 있는데 아마도 《장문부》의 섬세한 내용으로 보아 여성의 필체를 느낄 수 있기 때문일 것이다.

두 번째 여인 위황후

진황후 다음으로 무제가 총애한 여성은 위자부衛子夫, 즉

위황후衛皇后다.

하루는 무제가 평양공주집에 들렀는데 공주가 연회를 베풀어주었다. 그리곤 십여 명의 미녀들에게 시중을 들게 하였다. 그러나 무제의 마음에 드는 사람은 없었다. 평양공주가 이를 눈치채고는 한 여자를 불러들이니 무제는 이를 보고 깜짝 놀라서 잠시 멍해졌다. 그녀의 음악을 들으면서 무제는 정신이 하나도 없었다. 공주는 무제의 뜻을 알아차리고 그녀에게 무제를 시중들도록 하였다. 그녀가 바로 위자부다.

날이 저물자 무제는 위자부를 데리고 입궁하여 밤에도 운우지정을 나누려고 하였다. 그런데 진황후가 궁중에서 기다리고 있다가 이를 보고는 화가 나서 얼굴색이 변하면서 휙 나가버렸다. 무제는 진황후 집안의 세력이 너무 커서 황제인 자기마저 황후의 눈치를 살펴야하나 하고 기분이 나빴다. 그러나 하는수 없어 위자부를 별실에 있게 하고 진황후와 다시 정을 나누었다. 진황후는 위자부를 냉궁에 두고 누구도 그녀와 만나지 못하도록 하였다. 마치 죄를 짓고 감옥에 간힌 꼴이었다. 무제도 점점 그녀를 잊어갔다.

그러던 어느 날 무제가 우연히 궁녀들의 명부를 들추다가 위자부라는 글자에 눈이 갔고 그녀를 불러들이도록 하였다. 위자부는 몹시 여윈 채로 절을 하고는 목이 메어 눈에 눈물을 가득 머금은 채 무제를 보며 말했다.

"폐하께서는 신첩을 가까이 하시면 안 되옵니다. 황후가 아시면 제가 죽는 것은 아깝지 않으나 폐하께서 여러 가지로 불편하실 겁니다."

"내가 아직 후사가 없으니 아들 하나만 낳아다오"하면서 무제는 위자부와 같이 잠자리에 같이 들었는데 생각지도 않게 위자부는 이날 회임을 하게 되었다. 이 일이 진황후에게 발각되자 그녀는 곧장 무제를 찾아가 따졌다. 무제는 그러나 이번에는 양보하지 않고 후사도 없으면서 후궁을 들이지 못하게 한다고 책망하자 진황후도 할 말이 없었다.

진황후는 몹시 화가 나서 날마다 위자부를 없앨 궁리만 하였지만 위자부는 점점 총애를 받아 늘 무제와 함께 있으니 어찌할 방도가 없었다. 진황후는 아들도 못낳고 게다가 질투까지 심해지니 점점 무제의 환심을 잃게 되었다. 진황후는 갖은 방법 끝에 초나라의 무당을 불러들여 제단을 설치하고 무제의 마음을 돌리려 하였으나 아무런 효험이 없었다. 무제는 이 소식을 들은 후 몹시 화가 나서 철저히 조사하여 진황후의 궁녀와 태감 등 3백여 명을 처단하였다. 진황후 역시 장문궁에 유폐되었다.

이때쯤 한무제는 나이가 들어 기력도 쇠하고 눈과 귀도 밝지 못하여 환각을 보기 일쑤였다. 하루는 낮잠을 자다가 꿈에서 수많은 나무인형들이 자신을 때리는 꿈을 꾸었다.

온몸에 땀을 흘린 채 꿈에서 깨어났으나 영 찜찜하였다. 후에 강충江充에게 꿈에 대해 이야기하자 강충은 단호하게 무당들이 일을 꾸민 것이라고 하였다. 무제가 강충을 시켜 이를 조사하게 하니 과연 땅에서 나무인형이 발견됐는데 귀천을 가리지 않고 처단하였다. 그런데 실은 이 나무인형은 강충이 암암리에 미리 묻어놓고 태자 유거劉据와 연루되었다고 무고하니 태자는 부인할래야 부인할 수도 없는 올가미에 씌워지게 되었다. 이리되자 태자 유거는 부득이하게 거병을 하게 되었고 실패하자, 하는 수 없이 스스로 자진을 하였으니 이것이 바로 역사에서 말하는 "무고巫蠱의 화"다. 위황후 역시 끝내는 폐서인되어 냉궁에 갇혀서 목매달아 자진하였다.

곽거병 묘 안내문
곽거병은 위황후의 생질이다.

곽거병 묘역 안의 담장문

'무고의 화'로 인하여 아들과 자신이 모두 자진하는 결과로 끝났지만, 황후가 된 38년 동안 위황후는 별다른 정치적 야심이 없었다. 간과해서는 안 될 것은 위자부가 입궁함으로써 동생 위청衛青과 생질 곽거병霍去病·곽광霍光이 발전할 수 있는 기회를 얻게 된 것이다. 위청과 곽거병은 훌륭한 장군이 되어 여러 차례 흉노와의 전쟁을 승리로 이끌어 한나라의 발전에 큰 공헌을 하였다. 곽광 또한 어린 소제를 보필하여 한나라를 안정되게 만들었다.

세 번째 여인 이부인

위황후 이후에 무제가 사랑한 여인이 바로 그 유명한 경국지색傾國之色의 이부인李夫人이다. 경국지색은 그의 오라비인 이연년李延年이 여동생의 미색을 찬미한 노래에서 시작되었다. 이연년은 부모형제가 모두 악관을 지냈는데 이러한 가정환경 속에서 자랐기 때문에 음악에 소질이 있었다. 그래서 무제의 신임을 받았으며 그의 지위는 협률도위協律都尉까지 이르렀다. 하루는 무제가 기분이 좋아서 이연년을 불러들여 노래를 부르게 하였다. 그는 황제 앞에서 춤을 추며 노래를 불렀다.

북방에 아름다운 여인이 있으니,

세상에서 떨어져 홀로 서있네.

한 번 돌아 보면 성이 기울고,

두 번 돌아 보면 나라가 기우네.

성이 기울고, 나라가 기우는 것을 어찌 모르랴마는,

아름다운 여인은 다시 얻기 어렵다네.

北方有佳人(북방유가인)

遺世而獨立(유세이독립)

一顧傾人城(일고경인성)

再顧傾人國(재고경인국)

寧不知傾城與傾國(영부지경성여경국)

佳人難再得(가인난재득)

무제가 들은 후 감탄하며 "좋도다, 이 세상에 이런 미인이 있더란 말인가?"고 물었다. 무제의 누나 평양공주平陽公主가 그 자리에 있다가 웃으면서 말했다.

"있지요, 있고 말고요. 바로 이연년의 누이가 그 미인이랍니다."

무제는 이에 그녀를 불러들이니 과연 미모가 범상치 않았다. 극진히 총애하였고 아들을 낳으니 그가 바로 창읍昌邑애왕哀王이다.

이부인이 아들을 낳자 모든 궁녀들이 그녀를 질투하고 시기하고 부러워하였다. 한번은 무제가 이부인의 궁에 갔는데 머리가 가려웠다. 그러자 이부인이 머리에 꽂고 있던 옥비녀로 무제의 머리를 긁어주었다. 이 일은 삽시간에 온 궁에 퍼졌고, 사람들은 제마다 이부인을 따라하고자 하며 모두들 옥비녀를 꽂으니 일시에 장안의 옥값이 두 배로 올랐다고 한다.

그러나 미인박명이라던가. 이부인은 궁에 들어온 지 얼마되지 않아 깊은 병이 들고 말았으며 아들도 일찍이 죽었다. 병상에 있을 때 무제가 친히 문안을 오자 이부인은 급히 이불로 얼굴을 가리고 "첩은 병이 들어 용모를 다 버렸으니 다시는 폐하께 보여드릴 수가 없습니다. 원컨대 창왕과 저의 형제들을 부탁드립니다"고 말하였다. 무제가 재삼 얼굴을 보여달라고 부탁했지만 막무가내였다. 그러자 무제는 화를 내고 가버리고 마침 이때 문안을 왔던 이부인의 자매들이 형제들을 부탁한다면서 얼굴도 보여주지 않으면 어떻게 하냐고 이를 나무랐다. 그러자 이부인은 "모르는 소리, 내가 미천한 몸으로 황제의 성은을 입은 것은 오로지 용모 때문인데 지금 이런 망가진 모습을 보여주면 황제는 이 모습만을 기억할 것이고, 우리 식구들이 모두 싫어질 것이다"라고 하였다.

이부인이 죽은 후 과연 무제는 그녀를 몹시 그리워하며

황후의 예로서 장례를 치루고는 그녀의 초상화를 그려 감천 궁에 걸게 하였다. 어느 가을날 무제가 배를 타고 석양을 보러 나왔는데 어쩐지 쓸쓸한 감이 들고 이부인이 생각이 났다. 그래서 〈낙엽애선곡落葉哀蟬曲〉이라는 시를 짓고는 쓸쓸함이 더하여 연량실延凉室로 쉬러 갔다. 잠깐 잠든 사이에 이부인이 꿈결에 나타났는데 한손에 든 물건을 주면서 "이는 형무향蘅蕪香이라는 것입니다"고 하였다. 깜짝 놀라 깨어난 무제는 이부인의 말이 생각나서 도처를 찾아 보아도 그 향은 없었으나 베갯머리에는 아직도 향기가 은은히 풍겨나오고 있었다. 그래서 '연량실'을 '유방몽실遺芳夢室'이라고 이름을 바꾸었다.

무제는 꿈을 잊지 못하여 방사를 불러서 이부인의 혼을 불러달라고 하였다. 방사는 이부인의 모습을 보여주었다. 그러자 무제는 "이것이 꿈인가, 생시인가, 어찌 그리도 천천히 온단 말인가?"라고 하였다. 전하는바에 따르면 잠영석潛英石이라는 돌이 있는데 색깔이 푸르고 가볍기가 깃털 같으며 날씨가 차가우면 돌은 따뜻해지고, 날씨가 더우면 돌이 차가워진다고 한다. 이런 돌로 조각상을 만든 후 휘장을 두르니 마치 이부인의 생시의 모습과 똑같이 되었다고 한다. 그러나 이 돌은 치명적인 독이 있어 가까이 하면 안 되므로 멀리서 바라다 보아야 한다고 한다.

마지막 여인 조부인

한 무제의 마지막 여인은 조구익趙鉤弋, 즉 구익부인鉤弋夫
人이다. 무제가 하간河間으로 사냥을 나갔을 때 하늘에 청자
색의 안개가 끼었는데 사람들이 그 지역에 분명히 평범하지
않은 여자가 살고 있을 거라고 하였다. 무제가 사람을 보내
어 알아보니 과연 조씨댁에 소녀가 있는데 몹시 아름다웠
다. 그러나 이상한 것은 태어나서 지금까지 손을 편 적이 없
었다. 무제가 사람을 시켜 손을 펴게 하였으나 누구도 손을
펴지 못하였다. 그런데 무제가 친히 펴니 그제서야 손이 펴
졌다. 손 안에는 벽록색의 옥고리가 들어있었다. 무제는 깜
짝 놀라 그녀를 데리고 궁 안으로 들어왔고 그밤에 승은을
입게 되었다. 이때 무제는 60세였고, 조구익은 17세였다.
나이 들어 얻은 젊은 부인이라 또 다른 애정이 솟게 되었고
그녀를 위해 새롭게 궁실을 지어 구익궁이라 하고 구익부인
으로 봉하였다.

1년 후인 기원전 94년에 아들 불릉弗陵을 낳았는데 14개
월 만에 나왔다고 한다. 무제는 요임금의 어머니가 요를 임
신한 지 14개월 만에 낳았다는 전설도 있고 하여 구익궁의
궁문을 요모문堯母門이라고 하였다.

서한의 궁정제도는 첩은 모두 부인이라고 불렀는데 비빈
이 '요모'라고 존칭되었다는 것은 무제가 방금 낳은 불릉이

요임금처럼 되기를 희망한다는 뜻이었다. 불릉은 총명하였지만 나이가 어린 것이 걱정이었다. 아들이 황제가 되면 구익부인이 정치에 간섭할 것은 뻔한 일이었고, 이렇게 되면 할아버지 때의 여후呂后의 꼴이 날 것이다.

무제는 장고를 거듭한 끝에 어린 황제를 김일제金日磾와 곽광霍光에게 부탁하였다. 그러나 김일제는 호나라 사람으로 대중을 설득할만한 힘이 없었으므로, 곽광에게 이 중임을 맡기기로 결정하고는 주왕이 성왕을 업고 대신들과 조회하는 그림을 그려서 곽광에게 하사하였다. 이리하자 군신들은 무제의 뜻을 헤아리게 되었다.

그런 후에는 구익부인을 죽여 후환을 없애기로 하였다. 무제는 어느날 감천궁에서 괜한 트집을 잡아서 구익부인을 책망하였다. 구익부인은 놀라 얼굴이 창백한 가운데 비녀와 귀고리를 빼고 고개를 조아리며 사죄를 하였으나 무제는 가차없이 좌우 시녀들에게 그녀를 감옥에 가두도록 하였다. 구익부인은 입궁 후 이러한 일은 처음 당해보는지라 황망한 가운데 왜 그런지를 물어보고자 해도 말이 나오지 않고 눈물만 흘릴 뿐이었다. 무제도 가슴이 아팠지만 나라의 대업을 위해서는 어쩔 수 없었고, 그날 밤으로 구익부인에게 죽음을 내렸다. 이 일을 들은 사람들은 모두 비감함을 감출 수 없었다.

무제가 구익부인에게 죽음을 내릴 때 좌우 대신들에게 다른 의견이 없냐고 묻자 대신들이 "어린 왕자를 태자로 세우는데 굳이 그 어머니를 죽일 필요는 없지 않습니까?"라고 하자 무제는 탄식하며 "역대로 국가 혼란은 모두 어린 군주의 어머니가 간섭하여 일어난 일이다. 그대들은 설마하니 여태후의 일을 잊었단 말인가?"라고 대답하자 대신들은 이에 아무말도 할 수 없었다.

　얼마 후 무제가 오작궁에서 병사하니 향년 71세였다. 대사마 대장군 곽광·거기장군 김일제·좌장군 상관걸은 무제의 유지를 받들어 태자 유불릉을 왕으로 즉위시키니 그가 바로 소제昭帝다. 소제는 그의 어머니 구익부인을 황태후에 봉하였다. 당시 8세인 소제를 도와 곽광이 섭정을 하게 되는데, 곽광은 안으로는 백성들의 요역과 부역을 덜어주고 밖으로는 흉노와 화친함으로써 민생과 국력이 점차 회복되어갔다. 곽광은 곽거병의 이복동생이다.

완전무결한 둥근 옥
─완벽

완전무결한 것을 비유하는 말

完 : 완전할 완
璧 : 둥근 옥 벽

옥을 온전히 보존하여 조나라로 귀국한 인상여

우리가 일상에서 흔히 쓰는 완벽이라는 단어는 알고 보면 참으로 사연이 많은 슬프고도 또 비장한 이야기를 품고 있다. 완벽의 완完은 완전하다는 뜻이고 벽璧은 납작한 원형으로 중간에 구멍이 있는 옥기玉器를 말한다. 본래는 '완벽귀조完璧歸趙'라는 말로 사마천의 《사기 · 염파인상여열전廉頗藺相如列傳》에 "성이 조나라에 들어오면 벽을 진나라에 남겨두고, 성을 못 얻으면 벽을 완전하게 조나라로 가져오겠습니다(城入趙而璧留秦, 城不入, 臣請完璧歸趙)"라는 말에서 유래했다. 그 내용은 다음과 같다.

초나라에는 '화씨벽和氏璧'이라는 진귀한 옥이 있었는데 이것이 조나라 혜문왕의 수중에 들어왔다. 소문을 들은 진

소양왕이 15개의 성과 화씨벽을 바꾸고 싶다는 의사를 표시해왔다.

조왕은 마음속으로는 내키지 않았지만 조나라는 약소국이기 때문에 진왕에게 죄를 질 수는 없었다. 그래서 조 혜문왕은 대신들과 이 일을 상의하였다. 만일 응낙하면 진나라에게 속임을 당해 화씨벽만 주고 성을 얻지 못할 것이 두려웠고, 만일 응낙하지 않는다면 또 진나라에 죄를 짓게 되는 것이 두려웠다. 대신들이 오랫동안 토론을 하였지면 결정이 나지 않았다.

인상여藺相如가 이 일을 알고는 조왕에게 말했다.

"대왕님, 제가 화씨벽을 가지고 진왕을 만나고 오겠습니다."

조왕이 말했다.

"그렇다면 선생께서 진나라에 한번 가보시지요. 그러나 만일 진나라가 약속을 지키지 않는다면 어찌하시렵니까?"

인상여가 말했다.

"그곳에 가본 후 사정을 보아가며 일을 진행시키겠습니다. 만일 진왕이 15개 성과 교환하지 않으려고 한다면 제가 반드시 화씨벽을 온전하게 가지고 돌아오겠습니다."

조왕은 인상여가 용감하고 또한 기지가 있는 사람이라는 것을 알고 있기에 동의하였다.

인상여가 화씨벽을 갖고 함양으로 가니 진 소양왕은 득의

한대 옥벽

만만하게 그를 접견하였다. 인상여는 화씨벽을 헌상하고는 큰소리로 진왕에게 말했다.

"진나라가 15개의 성과 이 화씨벽을 바꾼다고 하는데 화씨벽의 가치는 15개성과는 비교도 안 됩니다. 만일 조나라가 이에 응낙하지 않는다면 이는 조나라의 잘못입니다. 조나라는 지금 화씨벽을 가지고 왔으니 만일 진나라가 교환하지 않는 다면 이는 진나라의 잘못입니다."

진왕이 화씨벽을 건네받고는 이리저리 살피며 몹시 좋아하였다. 투명하고 영롱한 옥은 촛불에 비치어 은은하게 담백한 은광을 내뿜었다. 그는 다 감상하고 나서는 대신들에게 일일이 보게 하고 또 후궁들에게도 보여주며 매우 기뻐했으나 15개 성을 조나라에 주고 싶은 마음은 추호도 없었다. 이를 눈치 챈 인상여는 이리저리 생각하다가 계책 하나가 떠올랐다. 그는 진왕 앞으로 나아가 말했다.

"이 보석은 정말 비싸고 귀한 것이지만 흠이 하나 있습니다. 제가 대왕께 알려드리지요."

진왕은 정말이라고 믿고는 시종에게 화씨벽을 인상여에게 갖다 주라고 했다.

인상여는 보석을 받아들고는 몇 발자국 뒤로 물러서서 궁

전 안의 커다란 기둥에 기대어 노기충천하여 말
했다.

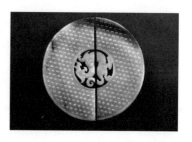

"대왕께서는 15개의 성과 조나라의 화씨벽을
바꾸기를 원하셨습니다. 이에 저희 조나라 왕께
서는 성심성의껏 목욕재계한 후, 제게 옥을 주
어 이곳으로 파견하였습니다. 그러나 대왕께서는 교환할 성
의가 없으십니다. 지금 이 보석이 제 손 안에 있습니다. 대
왕께서 제게 강요하신다면 저의 머리통을 이 화씨벽과 함께
저 기둥에 박살내겠습니다."

진왕은 무사를 시켜 보석을 뺏도록 하려했으나 인상여가
정말 보석을 기둥에 던져버릴까 봐 황급히 인상여를 달래기
시작하였다.

"선생은 그리 조급히 생각지 마시오. 군왕이 한 말을 어
찌 뒤집을 수 있단 말이오"

그리고는 사람을 시켜 지도를 가져오게 하고는 지도를 보
면서 "여기서부터 여기까지의 15개 성을 조나라에 주겠소"
라고 응답하였다.

인상여는 진왕이라는 자가 늘 말을 번복하므로 속지 말아
야겠다고 생각하고는 말했다.

"조왕께서는 화씨벽을 진나라에 보내기 전에 5일간을 목
욕재계하셨습니다. 또한 조정 안에서 정중한 의식도 거행

하였습니다. 대왕께서 만일 진심으로 이 화씨벽과 교환할 마음이 있으시면 역시 5일간 목욕재계하고, 이 화씨벽을 건네받는 의식을 행하신다면 제가 이 보석을 대왕께 드리겠습니다."

5일이 지나서 진왕은 대신과 함양에 머물고 있던 다른 나라의 사신들을 모두 모집하여 화씨벽을 건네받는 의식을 거행하였다. 그러나 이때 인상여는 심복을 장사꾼으로 변장시킨 후 화씨벽을 품에 숨겨 몰래 지름길을 이용하여 조나라로 돌려보낸 뒤였다.

인상여는 진왕에게 말했다.

"천하의 제후들이 모두 진나라는 강국이고 조나라는 약소국이라는 것을 알고 있습니다. 대왕이 정말 화씨벽을 원하신다면 먼저 15개의 성을 조나라에 할양하십시오. 그런 후에 사자를 저와 함께 조나라로 보내 화씨벽을 가져오도록 하십시오. 조나라가 15개의 성을 얻은 후에는 반드시 보석을 드리겠습니다."

진왕은 이 말을 듣고는 하는 수 없이 말했다.

"아무리 보물이라지만 그래보았자 옥일 뿐이다. 이 일로 두 나라의 우호관계를 망칠

용 문양 옥결玉玦

필요는 없다"며 하는 수 없이 인상여를 조나라로 돌려보냈다. 이 일을 역사에서는 '벽이 완벽하게 조나라에 돌아왔다'는 뜻으로 '완벽귀조完璧歸趙'라고 한다.

인상여는 하남성 안양현安陽縣 서남쪽에 있는 고상촌에서 출생하였다. 그는 전국시기 조나라의 명 재상으로 저명한 정치가이자 외교가이며 군사가다. 사람됨이 기지가 있고 용감하며 식견이 탁월하고 결단성이 있었다. 조나라를 위하여 많은 공로를 세웠다. 인상여는 어려서부터 무예를 좋아하였으며 팔 힘이 대단하였다고 한다. 인상여는 공부를 좋아하고 남을 돕기를 즐겼다. 친구들 집안이 가난하여 배우지 못하는 것을 보고는 자신이 배운 것을 모두 그들에게 가르쳤다. 그래서 사람들은 그를 '인선생'이라고 불렀다. 조 혜문왕 시기에 인상여는 환관의 우두머리인 무현繆賢 문하의 식객이었다. '완벽귀조完璧歸趙' '부형청죄負荊請罪' 두 고사성어는 모두 인상여와 관련 있다.

화씨벽은 어떤 옥일까?

그렇다면 성 15개를 주고 바꿀 정도의 화씨벽은 도대체 어떤 물건이었길래 목숨을 내걸고 지키려고 했던 것일까?

화씨벽에 관한 기록은 《한비자》《신서新序》 같은 책에 그 기록이 있으며 내용이 비슷하다. 춘추시대 초나라에 변화卞

和라는 옥 장인이 있었는데 형산荊山(지금의 호북성 남장현南漳縣)에 봉황이 서식하는 곳을 알게 되었다. 옛말에 "봉황이 내려앉는 곳은 보물이 있는 곳"이라는 설이 있었기 때문에 틀림없이 이 곳에 보물이 있을 거라고 여겨 살펴보다가 돌속에 옥이 들어있는 자연 상태로의 옥덩이를 하나 얻었다. 변화는 이 가공되지 않은 옥덩이를 초 여왕厲王에게 헌상하였다. 여왕이 옥공玉工을 불러 조사하게 하니 옥공은 이것은 그냥 돌덩이에 지나지 않는다고 고하였다. 여왕은 대로하여서 임금을 기만한 죄로 변화의 왼쪽다리를 잘랐다. 여왕이 죽자 무왕이 즉위하였다. 변화는 다시 옥덩이를 헌상하였고 무왕 역시 옥공을 불러 조사하게 하자 이번에도 옥공은 그냥 돌덩이에 지나지 않는다고 고하였다. 변화는 이리하여 또 오른쪽 다리를 잘리게 되었다. 무왕이 죽자 문왕이 즉위하였다. 변화는 옥이 든 돌덩어리를 가슴에 품고서 삼일밤 삼일낮을 통곡하였다. 눈물이 마르고 핏물이 나오도록 울었다. 문왕은 이 소식을 듣고는 사람을 시켜 왜 그렇게 통곡하는지를 물었다. 변화가 말했다.

금루옥황金縷玉璜

길이 11.8cm, 너비 2.7cm다. 옥황은 귀족의 복식에 매달던 패물 장식으로 결玦·벽璧 등과 함께 차던 장식물이다.

"제가 우는 것은 이 두 다리를 잃어서가 아니오. 보석이 한낱 돌덩이로 변한 것이 슬프고, 나의 충정이 임금을 기만한 죄로 변한 것이 슬퍼서 울며, 죄가 없는데도 형벌을 받는 것이 슬퍼서 운다오."

이 소식을 들은 문왕은 사람을 시켜 그 옥이 들어있는 돌을 도끼로 깨뜨리도록 하니 정말 그 안에서는 세상에 보기 드문 옥이 들어있었고 이 옥을 '변화卞和의 옥'이라는 뜻으로 화씨벽和氏璧이라고 부르게 되었다.

화씨벽은 이래서 초나라의 국보가 되었다. 후에 초나라는 조나라에 국혼을 청하였는데 화씨벽은 이때 조나라에 혼수품으로 보내졌다고 한다. 기원전 283년, 진 소양왕은 조나라가 화씨벽을 갖게 되었다는 소리를 듣게 되었고 바로 위에서 말한 인상여의 '완벽'이라는 고사성어가 나오게 되었다.

그 후 화씨벽의 종적

후에 화씨벽은 진나라의 소유가 되었는데 언제 어떻게 해서 진나라가 소유하게 되었는지에 관해서는 역사에 기록이 없다. 진왕 정(즉 진시황) 10년, 승상 이사李斯의 〈간축객서諫逐客書〉라는 글에 '수후지주脩侯之珠'와 '화씨지벽和氏之璧'이 당시의 유명한 두 가지 보물이라는 기록이 있는데 인상여가 온전하게 조나라로 가져간 화씨벽이 어떻게 다시 진나라로 가게 되었는지는 알 수가 없다. 아마도 강국 진나라의 압력에 부득이하게 헌상하게 되었으리라 짐작된다.

전하는 바에 의하면 진왕 정 9년에 이 화씨벽으로 옥새를 만들었는데 승상 이사에게 명하여 전서체로 "수명어천受命於天, 기수영창旣壽永昌" 여덟 글자를 새겨넣었다고 한다. 이 뜻은 "하늘로부터 명을 받으니 영원토록 크게 번창하리라"는 뜻이다. 그 모양은 용과 봉의 형상으로 함양의 옥공예가인 왕손수王孫壽가 제작하였다. 진나라의 마지막 황제인 자영子嬰은 이 옥새를 한나라의 유방에게 바쳤다. 이때부터 중국에 대대로 전해져 내려온 이 옥새를 '전국새傳國璽'라고 하여 중국의 역대 황제들의 국새가 되었으며 모든 황제들은 이 옥새를 갖는 것을 최고의 영예로 여겼다. 어쩌면 황제들은 이 옥새를 얻기 위하여 천하를 위해 싸웠다고 해도 과언이 아니다.

그러나 한말 동탁의 난 때 옥새는 손견, 원술의 손에 들어갔고 다시 위나라와 진晋나라로 넘어갔다. 5호 16국 시대에는 여러 강국들로 전전하다가 남조가 이 옥새를 이어받았다. 수나라가 진陳나라를 멸하자 진나라의 소태후는 옥새를 들고 돌궐로 갔다. 당태종 정관 4년(B.C. 630)에 옥새는 다시 당으로 돌아왔다. 그 후 5대의 혼란 속에서 이 옥새는 그 행방이 묘연하였다. 육조 이후의 기록 속에는 대부분 진시황이 사용한 옥새는 화씨벽을 개조하여 만든 것이라고만 기록되어 있다. 청나라 때 사람들은 화씨벽의 진실성에 대하여 의심하기 시작하였다. 건륭황제는 〈변화헌옥설卞和獻玉說〉이라는 글에서 이 화씨벽에 대한 이야기는 한비자의 우언寓言일 뿐이라고 여겼다.

벽이란 무엇인가?

옥벽은 육기六器 가운데 하나로 예기禮器에 속한다. 신석기시대부터 청나라에 이르기까지 모두 옥으로 벽璧을 만들었다. 우리가 '완벽'의 이야기를 모두 알고 있는 것처럼 옥벽의 영향력은 여전하다. 옥벽은 중간에 커다란 육경肉經이 있는 얇고 둥근 옥기를 말하는데 소위 육肉이란 벽체를 말하는 것이고 중간의 둥근 구멍은 호好라고 한다. 어떤 사람은 이 옥벽은 곡물을 빻는 돌절구의 모양에서 변천해 온 것이라고 하고, 또 어떤 학자들은 옥벽의 원형은 아마도 돌도끼같은 원시도구일 거라고 한다. 《주례》의 기록에 푸른 벽璧으로 하늘에 제사를 올렸다고 한 기록을 보면 벽의 모양은 "하늘은 둥글고 땅은 네모지다"라는 고대의 우주관념에 의한 것으로 태양과 하늘을

짐승 얼굴 문양의 옥종玉琮
높이 5.4cm, 직경 6.6cm 다. 옥종은 신석기시대 후기에 출현했으며, 양저 문화·용산 문화에서 모두 옥종이 출토되었다. 주례에서는 옥종의 외벽이 네모지고 안벽이 둥근 모양은 하늘은 둥글고 땅은 네모나다는 뜻으로 해석하고 있다. 이는 둥근 것과 네모난 것이 천지를 관통한다는 의미로 고대 사회의 일종의 법기法器가 되었다. 고급 귀족의 수장품인 패옥은 신분이 영원히 변치 않음을 희망하는 것이고, 수장품인 옥종은 그와 천지가 서로 왕래하는 능력을 나타내준다.

상징한다고 추측해볼 수 있다. 실제로 옥벽의 사용범위는 광범위한데 벽은 관리의 등급을 나타내기도 하고 패물이 되기도 하며 심지어는 사람이 죽으면 부장품이 되기도 하였다. 또한 서로 주고 받는 선물이나 사랑의 증표로도 사용되며 재부나 지위의 상징이기도 하다. 아직까지도 중국인들은 옥을 몸에 지니면 복이 오고 자신을 지켜준다는 믿음이 있어 팔찌, 반지, 패옥의 형태로 몸에 지니기를 좋아한다.

옥공예는 그 모양에 따라 이름도 다양하다. 옥벽은 하늘에 제사를 드릴 때 사용하였고, 옥종玉琮은 땅에 제사를 드릴 때 사용하였다. 옥결玉玦은 한쪽이 벌어진 고리모양의 패옥이고, 옥황玉璜은 반원형의 옥을 말하며, 옥장玉璋은 편편한 긴 칼 모양으로 한쪽은 칼날이고 한쪽에는 구멍이 뚫려 있다.

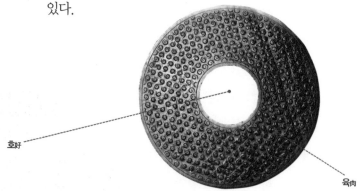

호好

육肉

낱알 문양의 대옥벽
직경 21.5cm다. 이런 종류의 대형 옥벽은 일종의 예옥禮玉으로 아마도 복식의 패물은 아니었던 듯하다.

가시나무를 등에 지고
죄를 청한 염파
—부형청죄

負荊請罪

'가시나무를 등에 지고 때려 달라고 죄를 청한다' 라는 뜻으로, 자신의 잘못을 인정하고 처벌해줄 것을 자청한다는 말.

負 : 질 **부**
荊 : 가시나무 **형**
請 : 청할 **청**
罪 : 허물 **죄**

앞에서 소개한 인상여는 고사성어 '완벽' 외에도 현재 자주 사용되고 있는 '부형청죄負荊請罪' '민지의 회합[澠池之會]' 과도 관련이 있다.

《사기 · 염파인상여열전》에 기록된 '부형청죄' 는 '가시나무를 등에 지고 때려 달라고 죄를 청한다' 라는 뜻으로, 자신의 잘못을 인정하고 처벌해줄 것을 자청한다는 말이다. 또한 육단부형肉袒負荊이라고도 한다.

인상여는 '완벽귀조' 의 고사성어처럼 조나라를 진나라로부터 지켜내는가 하면 또 민지의 회합에서 혜문왕이 진나라 소양왕의 위협에 수모를 당할 상황에 처하였을 때, 지모를 발휘하여 이를 막아냄으로써 조나라의 위엄을 지켰다.

부형청죄를 말하기 위해서 '민지의 회합' 을 먼저 거론해야 할 것 같다.

민지의 회합

　기원전 282년, 진나라는 대장 백기白起를 보내 조나라의
간簡(지금의 산서성 이석현)과 기祁(지금의 산서성 기현) 두 지역을
공격하였고, 다음해는 또 석성石城(지금의 하남성 박현)을 공격
하였다. 이 두 번의 공격으로 조나라는 많은 손실을 입었다.
그러나 진나라의 공격은 그칠 기미가 없었다. 기원전 279
년, 진 소왕은 조나라와 강화를 하여 역량을 집중시켜 초나
라를 공격코자 하였다. 그리하여 조나라에 사신을 보내 민
지(지금의 하남성 민지현)에서 만나 우호조약을 맺자고 하였다.
조나라 왕은 두려워 가고 싶지 않았으나 대장군 염파와 상
대부 인상여는 가지 않는 것은 좋지 않다고 판단한 후 왕을
설득하였다. 이리하여 두 사람은 왕을 수행하여 함께 갔다.

　염파는 대군을 거느리고 조나라 왕을 변경까지 배웅하고
헤어질 때 왕에게 말하였다.

　"이번에 대왕께서 민지를 가시지만 왕복 30일을 넘지 못
할 것입니다. 만일 30일 이후에도 왕께서 돌아오시지 않는
다면 제가 태자를 왕으로 옹립하는 것을 허락해주십시오.
이는 진나라가 대왕을 인질로 삼아 조나라를 위협하는 일을
근본적으로 막기 위함입니다."

왕은 이를 허락하였고 염파는 변경에 군대를 주둔시켜 진나라의 침공을 방비하였다.

인상여는 왕을 모시고 민지에 도착하여 진왕에게 예를 행하였다. 예가 끝난 후에 연회석상에서 술잔이 돌자 진왕이 조왕에게 말하였다.

"조왕은 거문고 뜯는 것을 좋아한다고 들었습니다. 여기 거문고가 있으니 한 곡 뜯으셔서 흥을 돋구는 것이 어떻겠소."

조왕은 거절할 수도 없어 한 곡을 연주하였다. 이때 진나라의 어사御使(옛날 중국의 벼슬 이름의 하나로 주로 문서와 기록을 책임졌음)가 와서는 '모년 모월 모일에 진왕과 조왕이 민지에서 회합을 가졌는데 진왕의 명령으로 조왕이 거문고를 뜯었다'고 적었다. 인상여는 이를 보고는 기분이 나빠 진왕에게 말하였다.

"저희 조왕께서는 진왕께서 부缶를 잘 두드린다고 들었습니다. 여기에 부가 있으니 청건대 한곡 두드려 모두에게 기쁨을 주십시오."

진왕이 이 말을 듣고 대로하여 대답하지 않았다. 인상여는 부를 들고 가 진왕에게 헌상하였지만 진왕은 여전히 두드리려 하지 않았다. 인상여는 다시 말하였다.

"지금 저와 대왕의 거리는 다섯 보도 되지 않습니다. 만일 대왕께서 두드리지 않으시면 저의 피로 대왕을 적실 것입니다."

　진왕의 수하들이 이를 보고는 황급히 칼을 빼어들고 인상여를 죽이려하자 인상여는 두 눈을 부릅뜨고 큰 소리로 수하들을 물러나게 하니 진왕은 몹시 기분이 나빴다. 하지만 어쩔 도리가 없어 부를 몇 번 두드리는 시늉을 하였다. 인상여는 조나라의 어사에게 '모년 모월 모일에 조왕과 진왕이 민지에서 회합을 가졌는데 조왕의 청으로 진왕이 부를 두드려 흥을 돋구었다' 라고 기록하도록 하였다.

　그러자 진나라의 대신들은 "조왕을 청해 15개 성을 진왕에게 보내 축수하였다"고 하자 인상여도 이에 뒤질세라 "진왕을 청해 함양咸陽을 가지고 조왕을 축복하였다"고 하였다.

　연회가 끝날 때까지 인상여는 국가의 존엄을 지키기 위해 때로는 기지로 때로는 용감하게 진나라의 군신들과 힘을 겨루었다. 진나라도 염파 장군이 변경에 주둔하고 있어 무력으로는 아무것도 얻을 수 없음을 알자 정중하게 조왕을 귀국하도록 하였다.

부형청죄

　인상여는 이러한 공을 인정받아 귀국한 후 상경上卿에 임명되었다. 대장군 염파는 자신보다 나이도 어린 인상여가 더 높은 지위에 오른 데에 불만을 품고 사람들에게 떠들고 다녔다.

"나는 성을 공격하고 전장에서 싸워 큰 공을 세웠다. 인상여는 입을 놀린 일밖에 한 일이 없는데 나보다 윗자리에 앉다니. 내 어찌 그런 자 밑에 있을 수 있겠는가. 언제고 그를 만나면 반드시 망신을 주고 말리라."

이런 사실을 안 인상여는 일부러 나서지 않고 모든 면에서 염파에게 양보하려고 마음을 썼다. 입궐할 때도 염파가 있으면 병을 핑계 삼아 나가지 않았다. 한번은 인상여가 마차를 타고 외출을 하는데 먼 곳에서 염파의 마차가 오는 것을 보고는 급히 수하에게 자신의 수레를 골목으로 피하게 하였다. 인상여의 문객들은 인상여가 염파를 두려워한다고 여기고 몹시 속상해 하였다. 그러자 인상여가 말했다.

"당신들이 보기에 염파장군이 대단한 사람이오? 아니면 진왕이 대단한 사람이오?"

문객들이 말했다.

"당연히 진왕이 대단한 사람이지요."

인상여가 말했다.

"그렇소. 그 두렵다는 진왕마저도 나는 그의 면전에서 그를 질책하고 그의 신하들을 모욕했소. 이런 내가 어찌 염파를 두려워하겠소? 지금 강력한 진나라가 우리 조나라를 침범하지 못하는 이유는 나와 염파장군이 있기 때문이오. 만

부형청죄를 묘사한 그림.

일 우리 두 호랑이가 싸우게 된다면 어느
한 쪽은 다치거나 죽게 마련이오. 이것이
바로 진나라가 노리는 것이오. 내가 염파
장군을 피해 다니는 까닭은 나라의 위급
함이 먼저이고 사사로운 일은 나중이기
때문이오."

인상여의 말을 들은 문객과 수하들은 몹시 감동을 하였고
이들도 인상여를 본받아서 염파의 수하들에게 모든 면에서
양보하였다. 이 일이 염파의 귀에 들어갔다. 염파는 인상여
의 이같은 관대한 마음에 몹시 감동을 받고 대오각성하였
다. 그리고는 웃통을 벗고 가시나무를 등에 동여매고는(여기
에서 육단부형肉袒負荊이라는 말이 생겨났다) 인상여를 찾아가서는
백배사죄하며 말하였다.

"어리석은 놈이 상경의 넓은 마음을 헤아리지 못하였으
니 벌을 주시오."

인상여는 염파의 태도가 진심인 것을 보고는 친히 염파의
등에 멘 가시나무를 내려놓고는 그를 안으로 청한 후 허심
탄회하게 대화를 하였다. 이로부터 두 사람은 생사를 같이
하며 조나라를 위해 일하였다.

인상여와 염파

현재 경극에서 자주 상연하는 레퍼터리 중에
《장상화將相和》라는 작품이 있다. 여기서 '장將'은
장군으로 염파를 말하며, '상相'은 재상이란 뜻으
로 인상여를 말한다. 바로 장군과 재상의 화해,
즉, "문과 무의 화해"라는 뜻이다. 그래서 많은 사
람들은 역사상의 인상여의 관직이 재상이라고 생
각하지만 실은 인상여는 재상을 하지는 않았다.

혜문왕 16년(B.C. 283), 조나라의 보물인 화씨벽
을 완전하게 되돌려가지고 온 후 조나라의 상대

경극속의 염파 분장

부에 제수되었다. 민지의 회합에서 인상여는 강한 진나라
를 물리치고 조나라의 존엄을 지킨 공로로 상경上卿의 관직
에 제수되었다. 《사기》의 기록에 의하면 그 후 얼마 안 되
어 인상여는 병사한 것으로 기록되어 있다. 그래서 인상여
의 관직은 상경으로 당시의 조사趙奢나 염파와 같은 항렬이
었다.

전국시대에 조나라 최고의 관직은 상방相邦이라고 했는데
사마천이 《사기》를 쓸 때는 서한 시대이므로 한 고조 유방劉
邦의 이름을 휘하기 위하여 '방邦'을 '국國'으로 바꾸어 썼
다. 그래서 상방을 상국이라고 칭하며 간단히 상相이라고도
한다. 《순자 · 왕패王覇》에는 상국은 '백관의 우두머리'라 하

였다. 당시에 상은 모든 관료기구의 수뇌로 국왕을 보필하면서 '일인지하 만인지상'의 자리였다.

염파의 고향은 정확하지가 않다. 생존연대는 기원전 327년~243년이다. 그는 84세의 고령으로 죽었다고 한다. 전국시기의 조나라의 걸출한 군사가로 백기白起 · 왕전王翦 · 이목李牧과 함께 '전국 4대 명장'으로 불린다.

전국 시대에 강대한 진나라는 여러 번 조나라를 침공하였다. 그때마다 염파는 진나라를 물리쳤다. 기원전 283년, 염파는 군대를 이끌고 제나라를 공격하여 조나라의 위엄을 드러냈다. 염파가 승전하고 귀국하자 조나라 왕은 그를 상경에 제수하였다. 진나라는 호시탐탐 조나라를 공격하고자 하였으나 염파의 위력 때문에 감히 침공하지를 못하였다.

기원전 278년, 염파는 동쪽의 제나라를 공격하였고 276년에는 재차 제나라를 공격하여 9개 성을 함락시켰다. 염파는 이후로도 전장에 나가면 백전백승하여 여러 나라들을 놀라게 하였다.

기원전 245년(진시황 2년)에 조나라의 효성왕이 죽자 그의 아들 양왕이

경극속의 염파

즉위하였다. 양왕은 간신 곽개郭開의 참언을 듣고 염파의 장군직을 파면하고 그 자리에 악승樂乘을 앉혔다. 염파는 몹시 화가 나서 악승을 공격하니 악승은 피하였다. 이 일이 있은 후에 염파는 조나라를 떠나 위나라의 대량大梁(지금의 하남성 개봉)으로 갔다. 위나라 왕은 비록 염파를 받아들이기는 했지만 그를 중용하지는 않았다. 그러는 중에 조나라는 여러 차례 진나라의 공격을 받자 조왕은 다시 염파를 중용하고자 하여 환관 당구唐玖에게 귀중한 갑옷과 명마 4필을 주어 사신으로 보내 염파를 다시 임용해도 되는지를 알아보도록 하였다. 염파의 원수인 곽개는 염파가 다시 득세할까봐 걱정이 되어 당구에게 뇌물을 주고 염파에 대한 나쁜 말을 하도록 하였다. 당구가 염파를 보러가자 염파는 그의 면전에서 쌀 한 말의 밥과 고기 10근을 먹고 말에 올라 자신의 노익장을 과시하였다. 그러나 환관 당구는 돌아와 조왕에게 말하였다.

"염파장군은 비록 늙었지만 아직 식사량이 상당하였습니다. 그런데 저와 앉아 있는 동안에 설사를 세 번이나 하였습니다."

왕은 염파가 늙었다고 여기고 임용하지 않았고 염파는 나라를 위해 일할 기회를 잃게 되었다. 초나라는 염파가 위나라에 있다는 소식을 듣고는 몰래 그를 초나라로 불러들였다. 염파는 초나라의 장군이 되었지만 큰 공을 세우지는 못하였다. 염파는 조나라에서 자신을 기용해줄 것을 기대하였지만 결국 울울하게 초나라의 수춘壽春(지금의 안휘성 수현)에서 최후를 맞이하였다. 십여년 후 조나라는 결국 진나라에 패망 당하였다.

염파묘는 지금의 안휘성 수현壽縣에서 7.5km 지점의 팔공산에 있는데 속칭으로는 '파고퇴頗古堆'라고 한다. 묘의 높이는 20미터이고 주위 면적은 30미터다.

인상여 무덤과 전설

인상여의 무덤은 지금의 서안시 임동臨潼 동쪽의 15km 지점에 있다. 묘지 면적은 6600평방미터이고 높이는 15미터다. 인상여의 묘에 관해서는 역사적으로 의견이 분분하다. 청대 강희 연간의 《임동현지臨潼縣志》의 기록에 의하면 "인상여의 무덤은 마애도馬涯道 가에 있다"고 되어 있다. 청대의 유명한 고고학자이자 섬서성 순무였던 필원畢沅 역시 나무 팻말에 "조대부 인상여의 묘"라고 적었다.

관중일대에는 오래도록 인상여의 묘에 관한 이야기가 전해 내려 오고 있다. 인상여가 화씨벽을 완전하게 보존한 공로로 상대부 관직에 제수되었고, 민지의 회합에서 큰공을 이룬 후에는 상경의 관직에 제수되었다. 후에 진나라가 조나라를 공격하자 조왕은 태자 오郚를 진나라에 인질로 주었다. 조왕은 태자를 가련히 여겨 인상여를 파견하여 태자를 모시도록 했다. 하루는 인상여가 태자에게 말하였다. "여산 아래는 절경지입니다." 태자는 이 말을 듣고는 여산으로 가고자 했고 인상여도 태자를 모시고 여산으로 갔는데 생각지도 않게 태자가 갑자기 병이 들어 죽고 말았다. 이 때문에 인상여는 죄를 지어 극형에 처해졌는데 머리를 베고 심장을 도려내어 여산 기슭에 묻혔다고 한다. 태자 오의 시체도 여산 기슭에 묻고 '조태자묘'라 하였는데 현지 사람들은 이를 '용골퇴龍骨堆'라고 부르며 현재까지도 있다. 인상여 가족들은 이 일로 인해 연좌죄를 받았으며 이를 피하기 위하여 성씨인 인藺 자의 초두[艹]를 없애고, 그 안의 추隹도 없애어 문門씨로 바꾸었다고 한다. 그리고는 조상 대대로 인상여 묘의 서북쪽에서 살며 명문가 촌을 형성하였다. 현재도 문씨촌에서는 여전히 인상여를 그들의 조상으로 여기고 해마다 묘소를 성묘하고 제사를 드린다고 한다.

인상여의 묘가 있는 임동은 천연자원이 풍부한 도시다. 그 안의 여산驪山 풍경구는 중국에서 처음으로 공포한 풍경 명승지다. 병마용과 화청지 두 곳은 국가 5A급이고, 여산과 진릉秦陵은 국가 4A급이다. 진릉과 병마용은 세계문화유산으로 지정되었다. 역사유적지가 아주 많아 현급縣級 이상의 문물보호가 51곳이 있다. 워낙 유명한 곳이어서 매해 600만 명 이상의 관광객이 이곳을 찾으며 그중 50만 명 이상이 외국인이고 매년 관광수입은 10억 위안 이상이라고 한다. '부형청죄'는 조나라에서 일어난 일이지만 인상여의 무덤이 섬서성 임동에 있는 관계로 완벽과 함께 소개하였다.

중국 역사 속의 명마를 생각하며
─새옹지마

塞翁之馬

인생에 있어서 길흉화복은 항상 바뀌어 미리 헤아릴 수가 없다는 뜻

塞 : 변방 **새**
翁 : 늙은이 **옹**
之 : 갈 **지**
　　 여기서는 '~의' 의 뜻임
馬 : 말 **마**

　푸른 하늘과 흰 구름을 보고 있노라면 그 아래 펼쳐진 녹색의 목초지와 그 위를 질주하는 말들이 생각난다. 자연스럽게 천고마비의 계절이라는 말이 실감난다. 중국 역사에서는 말에 관한 고사성어도 많고 명마도 무수히 많다. 지록위마, 새옹지마, 백락일고伯樂一顧 등의 고사성어는 모두 말과 관련이 있다. 섬서성의 북방은 전국戰國 시대에는 강족羌族, 흉노, 동호東胡 족들이 있었으며 진나라도, 연나라도 조나라도 장성長城을 쌓았다. 지금 섬서성의 북쪽은 내몽골 지역으로 아직도 초원에는 멋진 말들이 유유히 풀을 뜯고 있는 모습을 볼 수 있다. 자연스럽게 새옹지마라는 고사성어가 떠오른다.

　새옹지마塞翁之馬라는 글자의 뜻은 '변방 늙은이의 말' 이

란 뜻이다. 옛날에 중국 북쪽 변방에 말을 치며 사는 젊은이가 있었다. 그의 아버지는 점을 잘쳤다. 하루는 그의 말이 호나라로 도망을 가니 사람들이 모두 그를 위로하였다. 그러나 그 아버지만은 이것이 복이 될 거라고 말하였다. 몇 개월이 지나자 도망갔던 말이 호나라의 준마를 데리고 돌아오니 사람들은 모두 그를 축하하였다. 그런데 그 아버지만이 이것이 화가 되리라고 하였다. 집안에 좋은 말이 있게 되자 그는 말타고 놀기를 좋아하다가 말에서 떨어져 다리가 부러졌다. 사람들이 모두 이를 위로했으나 아버지만이 이는 복이 될 거라고 말하였다. 일년이 지나자 호나라 사람들이 국경으로 쳐들어왔고 젊은이들은 모두 전장에 나가서 열에 아홉은 전사하였다. 그러나 이 아들은 다리가 부러진 까닭에 전장에 나가지 않아 목숨을 부지할 수 있었다. 그러므로 복이 화가 되고, 화가 복이 된 것이다. 그래서 지금은 인생의 길흉화복은 변화가 많아서 예측하기가 어렵다는 말로 사용된다.

제왕들의 명마

중국의 명마들은 모두 그의 주인과 일생을 같이 하였다. 얼마나 많은 영웅호걸들이 자신의 애마와 함께 세상을 지배하였으며, 얼마나 많은 영웅호걸

몽골 초원의 말

들이 마상에서 스러져갔을까? 몇몇 명마에 관해서 살펴본다.

목왕팔준穆王八駿으로 유명한 목왕은 기원전 961년, 서융정벌 승리의 기세를 몰아 서쪽으로 계속 진격하니 청해青海의 동부일대까지 도달하였다. 고생스러운 천리의 왕복 길도 목왕의 서방낙토에 대한 동경은 단념시키지 못하였다. 전설에 의하면 주 목왕은 조보造父라는 마차를 잘 모는 마부를 데리고 있었다. 조보의 조상들 역시 말을 기르고 마차를 잘 모는 것으로 유명하였는데, 그 중 중연中衍은 상왕 대무大戊의 마차도 몰았다고 한다. 조보는 주 목왕의 총애를 받자 온 마음을 다해 색깔이 서로 어울리는 8필의 말로, 역량이 비슷한 준마를 골라 훈련시키고 그 이름을 화류驊騮·녹이綠耳 등으로 지어 목왕에게 바쳤다. 목왕은 여덟 준마로 이루어진 마차를 타고 조보에게 몰게 하여 서쪽 곤륜산으로 서왕모西王母를 만나러 갔다. 서왕모가 요지瑤池에서 주연을 베푸니 즐거운 나머지 돌아갈 것을 잊었다. 목왕이 탔던 명마를 목왕팔준穆王八駿이라고 한다.

진시황도 7필의 명마가 있었다. 그 명마들의 이름은 바람을 쫓는 추풍追風, 섭영躡景 및 추전追電·비번飛翻·동작銅爵·신부晨鳧·백토白兔 등이었다. 말 이름만 보아도 몹시 빠

화상석에 표현된 서왕모

서왕모는 신화 속의 여신이다. 곤륜산의 여신으로 천도복숭아를 먹어 불로장생하였다고 한다.

위 화상석의 윗부분 그림은 서왕모가 두 손을 가슴에 모으고 용과 호랑이 위에 단정히 앉아 있다. 머리에는 양측으로 삐쳐나온 옥승玉勝을 쓰고 있다. 서왕모 오른쪽에는 음식을 물고 있는 삼족오가 있는데 늘 서왕모를 위해 음식을 구해온다. 왼쪽에는 구미호가 있는데 이는 상서로움의 상징이다. 서왕모 양측에 사람이 한 명씩 있는데 아마도 시종들인 듯 하다. 아래 오른쪽에는 신수神獸가 거문고를 뜯는 모습이고, 왼쪽에는 신수가 생笙을 불고 있다. 정 중앙에서 신선 하나가 춤을 추고 있는데 그 아래에도 구미호가 땅에 엎드려 있다.

▲ 멀리서 본 만년설의 곤륜산

▼천산天山의 천지天池
목왕이 일찍이 서쪽을 유람할 때 서왕모를 이곳에서 만났다고 전해진다.

를 것 같은 느낌이 마구 전해져 온다.

한 무제 역시 9필의 명마가 있었으며 그 말들의 이름 역시 몹시 빠르다는 뜻이 많다.

동방삭도 명마가 있었는데 이름은 보경步景이었다. 어느 날 동방삭이 길운吉雲 지역을 주유할 때 신마를 얻었는데 키가 9척이고, 등에는 마치 일월과 같은 모양의 털이 나있었다. 달 모양의 털에서는 밤에 광채가 나고, 해 모양의 털에서는 낮에 광채가 났다. 또한 이 말의 털은 네 계절에 따라 변하였다고 한다.

당 태종과 소릉육준

당 태종의 명마는 소릉육준昭陵六駿으로 대표되는데 그의 말에 대한 사랑이 대단하여 이 여섯 필을 조각하여 자신의 릉인 소릉 앞에 두어 기리었다. 당 태종은 친히 각각의 말을 칭찬하는 여섯 수의 시를 지어 이를 구양순 필체로 조각하게 하고 말조각 밑그림은 염입본閻立本이 그렸다. 후에 화가 조림趙霖은 이를 소재로 유명한 《육준도권六
駿圖卷》을 그렸다.

이 여섯 필의 말은 당 태종 이세민이 탔던
말로 그가 겪은 여섯 차례의 전투와 함께 했
던 말이다. 그래서 당나라를 건설하는 과정
중에 혁혁한 공을 세웠다. 이 여섯필 말의 이
름은 삽로자颯露紫 · 권모과拳毛䯝 · 청추淸雕 ·
십벌적什伐赤 · 특륵표特勒驃 · 백제오白蹄烏 라
고 이름 지었다. 이 여섯필 중 세 필은 달리
는 모습이고 세 필은 서 있는 모습으로 모두
말갈퀴가 있으며 꼬리는 묶었다. 이는 당대
전투마의 특징이다. 이중 삽로자와 권모과
의 석상은 1914년에 미국으로 팔려갔으며
현재 펜실베니아 대학 박물관에 있고 나머
지 네 필은 섬서성 서안비림박물관에 있다.

소릉육준의 석상과 조림의 〈육준도권〉을
참조하여 여섯 필의 말을 살펴보겠다.

첫번째 말이 삽로자颯露紫다. 색깔은 자색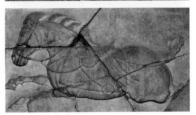
으로 가슴에 화살 한 대를 맞았다. 이세민이

당 · 소릉 육준

낙양에서 왕세충을 평정할 때 함께 했던 말이다. 구행공丘行
恭이란 사람이 화살을 빼는 장면이 묘사되어 있는데 이는

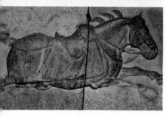

육준 작품 중 사람이 함께 있는 작품은 이것 뿐이다.

구행공은 이세민이 낙양에서 왕세충과 결전을 벌일 때의 맹장으로 말을 잘타고 화살을 잘쏘았다고 한다. 낙양 망산의 전투에서 이세민이 삽로자를 타고 친히 적군의 허실을 시탐하러 나섰다가 적군과 접전이 벌어졌다. 따르던 신하들도 흩어지고 오로지 구행공만이 따랐다. 혈기왕성한 이세민은 앞으로만 전진하다가 후방과의 연락이 끊어진 채 적에게 포위되었다. 갑자기 왕세충이 추격하여 삽로자의 가슴에 화살을 쏘았다. 다행히 이때 구행공이 뒤따르며 사방으로 화살을 쏘아대니 적은 감히 달려들지 못하였다. 그런 후에 구행공은 급히 말에서 내려 삽로자의 앞가슴에 박힌 화살을 빼내고 자신이 타고 온 말을 이세민에게 양보하였다. 그런 후에 적진으로 달려들어 몇 명을 죽인 후에 장렬히 죽었다. 이리하여 당태종은 구행공의 영웅 모습을 소릉에 조각하도록 하였다.

두번째 말이 특륵표다. 특륵은 돌궐족의 관직명으로 아마도 돌궐족의 한 특륵이 선물하였을 것이다. 누런 말로 주둥이 가는 흑색이며 누런 바탕에 흰털이 섞인 말을 표마라고 한다. 619년에 이세민은 이 말을 타고 하룻밤새에 수십여합을 적과 겨룬 후 커다란 공적을 세웠다.

세번째 말이 권모과다. 이 말의 털은 회오리모양의 흑갈

퀴에 누런색으로 앞에 화살 여섯 대가, 등에 세대를 맞고 있
는데 이로 보아 그 전투가 얼마나 격렬했는지 알 수 있다.
즉 이세민이 유흑달劉黑闥을 평정할 때 탔던 말이다. 유흑달
은 본래 수나라 말기의 장군으로 두건덕이 실패한 후에 돌
궐족과 결탁하여 자칭 한동왕이라 하였지만 후에 이세민에
게 패하여 달아났다. 이 전쟁 후에 당나라는 중국을 통일하
는 대업을 완성할 수 있었다. 삽로자와 권모과는 현재 미국
펜실베니아 대학 박물관에 원형이 보관되어 있다.

네번째 말이 십벌적什伐赤이다. 십벌은 페르시아어로 말
의 음역이라고 한다. 이는 이 말이 페르시아의 홍마라는 것
을 알 수 있다. 붉은 색의 말로 이세민이 낙양에서 왕세충·
두건덕과의 전투에 탔던 말이다. 조각에는 공중을 뛰어넘

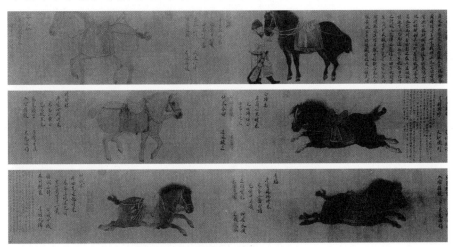

금·조림趙霖의 〈육준도권六駿圖卷〉(여섯 마리의 준마 그림)

은 말 모습에 다섯 대의 화살이 박혀있는데 모두 말엉덩이에 박혀있다. 그 중 한 개는 뒤에서 쏜 것으로 이 말이 적진의 함정에 빠져 상처를 입은 것을 알 수 있다.

다섯번째 말은 청추淸騅다. 두건덕을 사로잡을 때 탔던 말로 검푸른 털에 흰털이 섞인 말이다. 청추의 몸에 다섯 발의 화살이 박혀있는데 모두 말의 엉덩이 부분을 맞추고 있다. 이는 청추의 빠름을 나타내고 있다. 당태종도 번개처럼 빠르다고 칭찬하였다.

여섯번째 말이 백제오로 순흑색 몸에 네 발굽만은 흰색이다. 이세민이 설인고薛仁杲를 평정할 때 탔던 말이다. 설인고는 당나라 초기에 지금의 난주 지역을 점하고 자칭 진나라 황제의 후예라고 하였다. 감숙성에서 주둔하다가 이세민에게 패하여 투항하였다.

백제오는 고개를 쳐들고 눈을 부릅뜬 채 바람을 맞고 서있다. 당시 황토고원 위에서 질주하는 모습을 그리고 있다.

항우와 오추마

항우와 함께 이름을 역사에 남긴 오추마烏騅馬의 이야기는 더욱 사람을 감동시킨다.

힘은 산을 뽑을 만하고, 기개는 세상을 덮을 만하였던 항우 역시 그의 애마 오추마가 없었다면 어떻게 되었을까? 하루에 천리를 간다는 오추마는 항우를 따라 수많은 전쟁을 치루었으니 그 공 역시 무엇과도 비교할 수 없다. 기원전 202년, 유방의 '사면초가'에 의해 무참히 패배하고 도주하는 중에도 그의 곁에는 애마 오추마가 있었다. 사랑하는 여인이 그를 위해 죽자 남아있던 8백여 명의 병졸들을 이끌고 고향으로 돌아가기 위해 포위망을 뚫고 도주하였다. 그러나 그가 오강烏江에 도착했을 때 항우의 병사는 겨우 20여 명이었다. 항우를 위해 배를 준비하고 있던 말단관리인 정장亭長이 강동으로 돌아가 패업을 이루도록 권하였으나 항우는 고향의 어르신들을 볼 면목이 없다고 여기고 오강 가에서 자결하였다. 그의 나이 31살이었다. 그는 죽기 전에 애마 오추를 이 정장에게 선물로 주었다. 정장은 하는 수 없이 오추를 데리고 강을 건넜으나 주인에게 충성을 다하였던 오추는 강으로 투신하였다. 오추의 나이는 다섯 살이었다.

관우의 적토마

삼국지에 나오는 관우의 적토마赤兎馬 역시 유명하다. 적토마는 본래 동탁董卓이 서량 西涼지역에서 가지고 온 명마였다. 동탁은 젊은 장군 여포呂布의 환심을 사기 위해 이 명마를 그에게 선물하였다. 여포는 말을 얻을 욕심에 눈이 멀어 원래의 주인이었던 정원丁原을 죽이고 동탁의 휘하에 들어와서 동탁의 양아들이 된다. 후에 이 말은 여포를 따라 큰 공을 세우며 그 위세를 떨쳤다. 그래서 당시에 "사람은 여포요 말은 적토마다"라는 말이 있을 정도였다. 그러나 백문루白門樓에서 유비의 한마디로 조조는 여포를 죽이니 적토마는 조조의 수중에 들어오게 된다. 관우가 유비의 두 부인을 보호하기 위해 잠시 조조에게 몸을 의탁하고 있을 때 조조는 관우의 인물됨을 높이 평가하여 동탁을 흉내내어 적토마를 관우에게 주었다. 관우는 적토마는 받았지만 이는 더 빨리 유비에게 돌아가기 위해서였지, 여포처럼 주인을 배반하지는 않았다. 이로부터 적토마와 청룡언월도는 관우를 상징하는 물건이 되었다. 관우가 맥성麥城에서 패하고 살해된 후에 적토마는 마충馬忠의 소유가 되었지만 적토마는 새 주인을 따르지 않고 식음을 전폐하고 죽어 옛주인인 관우의 뒤를 따랐다.

이처럼 명마들은 말 자체의 우수함보다도 그 정신이 사람들의 마음을 감동시킨다. 특히 재미있는 것은 명마들의 이름이다. 땅에도 닿지 않고 그림자도 남기지 않을 정도로 빠르거나, 또는 바람이나 번개처럼 빠르다는 뜻으로 빠름을 표현한 이름들이 있다. 절지絶地 · 절영絶影 · 추풍追風 · 추전追電 · 월영越影 등이 그것이다.

또 말의 색깔에 의해 이름이 지어졌으니 적토마, 오추마

같은 것이 그 대표적인 이름이다.

중국 민간에서는 말을 신격화하여 곳곳에 '마신묘馬神廟'라는 말사당이 있다. 그 안에는 마왕 혹은 수초대왕水草大王이라고 하는 신을 모시고 있는데 이가 바로 수초마명왕水草馬明王이다. 이 신의 특징은 눈이 3개에 팔이 4개, 검을 휘두르는 형상으로 그 흉상이 험악한 모습인데 한무제의 어마감이었던 김일제金日磾의 모습이라고 한다. 김일제는 본래 흉노족의 태자였는데 말을 기르는데 특별한 재주를 갖고 있었다. 한 무제시에 혼야왕이 한으로 귀순할 때 같이 귀순하였다. 재략이 뛰어났던 한무제는 국력을 증강시키기 위해서는 좋은 말이 필요할 뿐만 아니라 이를 잘 기르는 사람이 필요하다고 판단하고는 말 감별력과 말을 잘 다루는 김일제에게 이 일을 맡겼다. 김일제는 한나라의 말 사업에 커다란 공헌을 하였으므로 사후에 중국인에 의해 마왕으로 추대받기에 이르렀다. 말의 효용이 이전과는 다르지만 여전히 중국에서는 음력 6월 23일에 마왕에게 제사를 드리는데 제수에는 양을 사용한다. 이는 마왕인 김일제가 이슬람교도였기 때문이라고 한다.

▲마신묘
▼마신묘 안에 모셔진 마왕
이 신은 눈이 3개에 팔이 4개로 말을 타고 앉아 있다.

명장 마원 이야기(1)
—노익장

老益壯

늙었지만 의욕이나 기력은 점점 좋아지는 비유

老 : 늙을 **노**
益 : 더할 **익**
壯 : 씩씩할 **장**

생활 수준의 향상과 더불어 평균수명도 높아지고 있으며 현재 우리나라의 평균연령도 급속이 높아지고 있다. 각 분야에서 노익장을 과시하는 분들도 많이 있다. 나이가 들어서도 새로운 일에 도전하며 건강하게 사는 삶은 행복한 삶이리라.

노익장은 원래는 '노당익장老當益壯'이라고 하며 늙었지만 의욕이나 기력이 점점 좋은 것을 뜻한다. 《후한서·마원전馬援傳》에 이 이야기가 나온다. 마원과 연관이 있는 고사성어는 노익장 이외에도 여러 가지가 있다. 우선 그의 형이 그를 위로한 '대기만성'이란 말이 있고, '수전노'라는 말도 있으며 마원이 공손술을 평가할 때 사용했던 우물안의 개구리라는 뜻인 '정저지와'도 있다.

마원은 서한 말년의 사람으로 서한시대의 정치중심지였던 섬서성 부풍扶風에서 태어났다. 어렸을 때부터 기개가 높아 그의 형은 몹시 그를 사랑했으며 실의에 빠진 아우에게 '대기만성'이라고 하면서 그를 격려하였다. 그의 형이 죽자 마원은 아우의 도리를 다하여 장례를 모시고 형수의 뒷일을 잘 돌보아주었다. 후에는 부풍군의 독우관督郵官을 하였는데 한번은 명을 받들어 죄수들을 다른 곳으로 이송시키게 되었다. 이송시키는 도중 죄수들의 비참함을 눈뜨고 볼 수 없었던 마원은 그들을 전부 풀어주었다. 이렇게 큰 죄를 짓게 된 본인도 다시는 부풍군으로 돌아갈 수 없음을 알고는 북방으로 도망을 갔다.

그런데 얼마 지나지 않아 마침 대사면이 있게 되었는데 이전의 일을 추궁하지 않는다는 것이었다. 그래서 그는 북방에서 안심하고 목축과 농업에 종사하였다. 마원은 수완이 있었는지 몇천 마리의 목축을 하게 되었고, 돈을 많이 벌었지만 탄식하면서 "무릇 산업을 경영하는 중요한 목적은 사람을 구하려는 것이지 돈을 지키려는 것이 아니라"라고 하면서 친지들에게 번 돈을 모두 나누어 주었다. 여기서 "돈을 지킨다"는 수전노守錢奴라는 말도 생기

마원

게 되었다. 마원은 늘 "대장부는 뜻이 있어야 하고, 가난하면 더욱 강해져야 하고, 늙으면 더욱 건강하여야 한다"고 말하면서 스스로를 격려하였다.

당시는 천하가 혼란하고 군웅이 할거하였는데, 마원은 농서隴西에 세력을 점하고 있던 외효隗囂의 수하에서 대장을 하고 있었다. 낙양에서는 광무제 유수劉秀가 황제를 칭하고, 공손술公孫述은 촉蜀에서 황제를 칭하고 있었다. 세 사람은 모두 천하를 통일하려는 야심을 갖고 있었다. 이리되자 외효는 몹시 불안해 하였다.

외효는 마원을 파견하여 이들을 정탐코자 하였다. 마원은 본래 공손술과는 동향인으로 친하게 지내는 사이였다. 그러나 공손술은 친구가 왔다는 소리를 듣자 허장성세를 부리면서 상좌에 앉은 후 수많은 시위들을 양쪽에 두고는 마원을 아주 공경스럽게 외교적 사신으로 맞이하였다. 그런 후에 마원을 귀빈 영빈관에 모시고 예복과 예모를 주며 종묘에서 큰 예를 치르도록 하고 문무백관들을 불러 정식으로 소개하였다. 공손술은 그에게 관직을 내리고 대원수로 남아주기를 청하였다. 마원의 수하들은 황제가 이렇게 경의를 표하자 모두들 남기를 원하였다. 그러나 마원은 그들에게 말했다.

"지금 천하의 군웅들은 모두 격렬하게 다투고 있다. 인재가 왔다면 신발을 벗고서라도 와서 맞아야 하거늘 공손술은 도리어 거들먹거리며 쓸데없는 예절을 지키고 사람들을 마치 나무인형처럼 대하고 있다. 천하에 재능이 있는 사람은 그와 함께 일을 오래 도모할 수 없다."

그리고 돌아가서는 외효에게 "공손술은 기껏 '우물안의 개구리'에 불과합니다"고 하였다.

외효는 마원을 또 낙양의 유수에게 특사로 파견하였다. 마원이 도착하자 환관이 그를 유수가 있는 곳으로 안내하였다. 유수는 편안한 복장을 하고 웃으면서 맞이하였다. 마원은 예를 갖춘 후에 물었다.

"작금의 상황은 군주가 신하를 택할 뿐만이 아니라, 신하도 군주를 택하는 시대입니다. 저는 공손술과 동향이며 젊었을 때부터 친하게 지냈습니다. 그러나 제가 사천에 갔을 때 공손술은 상좌에 앉아 시위들을 배열한 후에나 저를 들어오게 했습니다. 저는 지금 먼 길을 왔으며 아직 앉지도 않았고, 내가 자객일지도 모르는데 왕께서는 어찌 이렇게 편히 대하십니까?"

유수가 웃으면서 대답하였다.

"당신은 자객이 아니라 세객說客일 뿐이오."

마원은 황제가 편하고 또 유머가 있는 것을 보고는 마음으로 몹시 존경하여 말했다.

광무제 유수

유수는 한 고조 유방의 9대손이다. 유수는 동한 왕조의 개국 황제로 서기 25~57년까지 재위했다. 광무제 통치 시기를 역사에서는 '중흥'이라 칭한다. 묘호는 세조며 시호는 광무제다.

"현재 천하는 어지럽고 황제를 칭하는 사람들도 많이 있습니다. 오늘 이렇게 도량이 크신 분을 뵈니 마치 한 고조를 뵙는 것과 같으며 폐하가 진정한 황제인 것을 알겠습니다."

마원이 감숙으로 돌아오자 외효는 낙양의 정세를 물었다.

"제가 낙양에 갔더니 황제가 수차례나 친히 찾아왔습니다. 그리곤 매번 황혼녘부터 날이 밝을 때까지 이야기를 했는데 재능이 뛰어나고 천하에 비할 자가 없더이다. 또한 담백하고 성격이 몹시 소탈하여 마치 한 고조와 같았습니다. 학문도 박식하고 정치적인 견해도 예리하며 이전의 황제들도 이에 미치지 못하였습니다."

"그와 한고조를 비교하면 누가 더 강하던가."

"한고조는 자유분방하였지만 지금의 황제는 법을 지키기를 좋아하며 모든 것을 규정에 따르고 또한 술도 좋아하지 않습니다"라고 말하자 외효는 유수를 칭찬하는 것을 듣고 몹시 기분이 나빠 "자네가 이렇게 말하는 것을 보니 그 자가 한고조보다 더 강하구먼"이라고 하였다.

후에 마원은 결국 광무제 유수에게 귀순하였고 외효는 유수에게 패하였다. 유수는 외효가 점령하고 있던 감숙을 평정한 후에 다시 기세를 몰아 사천의 공손술을 멸하였다. 그래서 '득롱망촉得隴望蜀'(농隴은 현재의 감숙성이고, 촉은 현재의 사천성이다), 즉 "농서를 얻으니 촉이 탐난다"라는 고사성어도 이

때 나오게 되었다.

마원은 동한에서 대장을 하면서 그의 재능을 발휘하여 커다란 공훈을 세웠다. 남방 교지交趾(현재의 월남)국이 병사를 모아 변경에 침입하여 소란을 피웠다. 마원은 이에 병사를 이끌고 이를 토벌하였다. 광무제는 그를 복파장군伏波將軍에 임명하였다. 마원이 승리하고 돌아오자 조정의 백관들은 교외까지 나와서 그를 영접하였다.

후에 동정호 일대에서 또 반란이 일어나자 누차에 걸쳐 파병을 보냈으나 모두 실패하였다. 이에 마원은 광무제에게 친히 정벌을 나가겠다고 상소를 올렸으나 광무제는 마원이 이미 나이가 너무 많은 것을 생각하고 완곡히 거절하였다. 마원은 윤허를 받지 못하자 "제가 지금 나이는 62살이지만 능히 갑옷을 입고 말을 탈 수 있으니 늙었다고 할 수 없습니다"고 하며 고집을 부렸다. 이리하여 마원은 다시 갑옷을 입고 말을 탄 후에 가슴을 힘껏 펴보이며 늙지 않음을 표시하였다. 광무제는 다시 한 번 입버릇처럼 "이 노인네는 정말이지 노익장을 과시하는구나"라고 칭찬하였다.

마원이 교지 정벌을 하는 중에 자신의 조카인 마엄馬嚴과 마돈馬敦이 다른 사람 이야기를 좋아하며 남의 일에 간섭하기를 좋아한다는 말을 듣게 되었다. 그래서 전장에서 편지를 써서 특별히 조카들에게 보내었다.

그는 조카들에게 다른 사람의 장단점을 말하지 말고 국가의 잘잘못을 논하지 말라고 하였다. 그러면서 다른 사람의 잘못을 들었을 때는 자신의 부모 이름을 들은 것처럼 귀로만 듣고 그에 대해 말하지 말라고 하면서 두 사람의 예를 들어 가며 조카들을 경계하였다. 즉 용술龍述을 배워야지 두보杜保를 배워서는 안 된다고 하였다. 용술이란 자는 당시 태수로 있었는데 사람이 신중하고 돈후하여 말하지 않아야 할 것은 절대로 말하는 법이 없었다. 마원은 조카들에게 용술을 닮기를 바라며, 설사 그를 닮지 못한다 하더라도 그를 본받기라도 한다면 최소한 화를 자초하지는 않을 것이라고 충고하였다. 두보라는 자는 몹시 의리가 있고 다른 사람의 슬픔과 기쁨을 자기 것처럼 하여 친구도 많았는데, 그의 부친이 돌아가셨을 때는 인근의 친구들이 모두 문상을 와서 문전성시를 이루었다. 그러나 그런 사람을 잘못 본받게 된다면 즉 호랑이를 그리려다 오히려 개를 그리는 꼴이 될 것이라고 충고하였다.

그러나 이렇게 말을 조심하라고 조카들을 훈계한 마원도 결국은 무고를 받아 죽게 되었다. 그를 무고했던 양통梁統 사후 17년이 지난 후에야 마원의 억울함도 파헤쳐졌으며 그를 충성후忠成侯에 추존하였다.

중국의 사대부들은 종종 편지로 후손들을 가르치는 예가

많은데 청대의 증국번도 마원을 본받아서 편지를 써서 후손들을 경계하였다. 《증문정공전집曾文正公全集》은 이홍장의 형이자 호남광서 총독이었던 이한장李瀚章이 편찬한 것인데 그중에서도 《증국번가서曾國藩家書》라고 하는 편지집은 지금도 중국 가정에서 가훈으로 많이 읽고 있는 아주 중요한 자료다. 증국번은 장개석과 모택동이 모두 존경하던 인물이다.

중국사람들이 인격수양과 처세를 위하여 읽는 책이 세 권 있는데 명대의 진계유陳繼儒가 쓴 《소창유기小窓幽記》, 홍응명洪應明의 《채근담》과 청대 왕영빈王永彬의 《위등야화圍燈夜話》가 있다. 이 세 권에서는 모두 말이 많은 것을 경계하고 있다. 《소창유기》에서는 "말이 많은 자는 반드시 돈독한 마음이 없다"고 하였고, 《채근담》에서도 "입은 마음의 문"이라고 하며 말에 신중할 것을 경계하고 있다. 또한 《위로야화》에서도 "입은 화근을 초래한다"고 쓰여 있다.

명장 마원 이야기(2)
—대기만성

大器晚成

큰 그릇을 만드는 데는 시간이 걸린다는 말로, 큰 사람이 되기 위해서는 많은 노력과 시간이 필요하다는 뜻.

大 : 큰　　**대**
器 : 그릇　**기**
晚 : 늦을　**만**
成 : 이룰　**성**

　　어느 사람은 본인의 천재성에 의해서, 또는 부모를 잘 만나서, 또는 때를 잘 만나서 젊은 나이에 소위 '성공'을 이루기도 한다. 모차르트는 세 살에 피아노를 연주하였고, 쇼팽은 일곱 살에 이미 작곡하였다고 하지만 우리같은 범인들은 상상도 못할 일이다.

　　그러나 이렇게 초년에 이름을 날리는 이와는 다르게 '회재불우懷才不遇'한 채 평생을 마치는 사람도 있다. '회재불우'라는 말은 큰 재능을 가지고 있으면서도 그 재능을 발휘할 때를 만나지 못하는 것을 말하는데 중국의 애국시인 굴원屈原 같은 사람이 이런 예에 속한다.

　　고사성어 중에는 용기를 주는 말도 있고, 반성을 하게 하는 말도 있고, 촌철살인의 경구들이 많이 있지만 이렇게 아직은 빛을 보지 못한 사람들에게 위로와 격려를 주는 말이 바로 '대기만성大器晩成'이다. '대기만성'은 스스로 위안을 삼을 수도 있고, 남을 위로할 때도 쓸 수 있는 좋은 말이라고 생각이 된다. 그러나 자신의 재목이 큰지 작은지는 생각지도 않고 오로지 완성될 날만 기다리라는 뜻은 아니다.

대기만성은 노자 《도덕경》 41장에 도를 설명하면서 "아주 큰 네모는 귀퉁이가 없고, 아주 큰 그릇은 늦게 만들어지며, 아주 큰 소리는 내기 어려우며, 아주 큰 형상은 윤곽을 볼 수 없다(大方無隅, 大器晩成, 大音希聲, 大象無形)"라는 말에 그 기원을 두고 있으나 후에는 좋은 의미로 쓰이게 되었다.

《후한서 · 마원전》에 "너는 큰 재목이므로 늦게 만들어진다"는 뜻인 "여대재汝大才, 당만성當晩成"이란 말이 있는데 이는 마원의 형이 아우를 격려하는 말이다.

마원은 열두 살에 부모를 여의고 형의 손에서 자랐다. 마원은 소년시절에 큰 뜻이 있었지만 천성이 그다지 총명하지는 못하였다고 한다. 당시 같은 마을에 주발朱勃이란 사람이 있었는데 마원과 나이가 비슷하였지만 《시詩》 《서書》 등을 줄줄 외울 수 있었다. 마원은 이를 보고 마음 속으로 몹시 부끄러워서 형에게 자신을 변경으로 보내 소나 양을 치는 목동이 되게 해달라고 하였다.

형 마황馬況은 아우의 마음을 십분 이해하고 위로하였다.

"자네는 주발과 다르네, 주발같은 사람은 작은 그릇〔小器〕이라 금방 만들어지지. 자네같이 큰 재목의 사람은 늦게 만들어지는 법이야. 자신감을 가지고 발분노력하게. 자괴감을 가질 필요는 없네. 시간이 흐르면 반드시 큰 그릇〔大器〕이 될 것이네"라고 위로해 주었다.

서기 32년, 광무제 유수는 군사를 이끌고 칠현漆縣(지금의 섬서성 빈현邠縣)을 공격한다. 이 때, 마원이 쌀을 산언덕처럼 쌓아놓고 쌀로 모래판처럼 만들어 공격노선을 표시하자 유수가 기뻐하며 "포로들이 내 눈앞에 있구나"라고 말하였다.

마원은 형님의 위로를 들은 후에 더욱 열심히 쉬지 않고 노력하여 결국은 55세에 복파장군伏波將軍에 임명되었다. 동한 건립의 과정 중에 마원은 누차에 걸쳐 커다란 공을 세우니 확실이 '대기만성'의 명장이 되었다.

마원은 건무 4년부터 후에 광무제가 된 유수劉秀를 따라 동서정벌에 나서는 등 동한 초기의 공신들 중 군사공로가 혁혁한 장군이었다. 베트남 북부 지역에서 반란이 있을 때도, 변방지역에서 오환烏桓이 반란을 일으킬 때도 광무제는 복파장군인 마원을 보내 이들을 토벌토록 하였다.

서기 60년, 광무제의 아들인 명제明帝 유장劉莊은 중흥의 공신들을 그리워한 나머지 화공에게 남궁南宮 운대각雲臺閣에 공신 장수 28명의 초상화를 그리도록 명하였다. 그러나 초상화 명단에는 혁혁한 공을 세운 마원이 빠져있었다. 그 이유는 마원의 딸이 명제의 마황후馬皇后였기 때문이다. 명제는 외척의 지위가 상승하는 것을 막기 위해 일부러 초상화 명단에서 마원을 제외시켰으며, 신하들이 "어찌하여 복파장군의 초상화는 그리지 않았습니까?"라는 질문에도 웃기만 할 뿐 대답하지 않았다. 이에 마원이 어찌 처신하였는지는 모르겠으나 초년의 불우함을 이기고 발분노력하여 뜻을 이룬 마원은 대기만성의 표본이라고 할 수 있겠다.

대기大器는 본래 보배스러운 기물器物인데 여기서는 인재를 비유한다. 오랫동안 뜻을 이루지 못한 사람들에게 위로해 주는 말로서 이보다 더 좋은 말은 없을 성싶다.

초년에는 어떤 빛도 못 보다가 개인의 발분노력에 의해 늦게서야 비로소 자신의 잠재력과 창조력을 발휘하여 사회적으로 걸출한 공헌을 한 대기만성형의 유명인들은 인류 역사상 많이 있다. 중국의 의학가이자 약학가인 이시진李時珍은 61세에 비로소 《본초강목》이라는 거대한 저서를 완성하였고 화가인 제백석齊白石은 41세가 되어서야 비로소 그의 화가적 재질이 나타났다. 다윈도 50세에 이르러 그 유명한 《종種의 기원》을 발표하였다고 한다. 일반적으로 40세는 중년의 시작이지만 발레리나 마고트는 42살에 무대에 올랐다.

졸업과 입학 시즌만 되면 언제나 깜짝 놀랄 뉴스들이 나온다. 올해에도 70대의 노부부가 함께 대학에 들어갔다는 뉴스가 있었다. 평균 연령이 높아져 가는 이때에 55살에 복파장군이 된 마원의 나이는 우습게 들릴지도 모르겠다. 앞으로는 더욱 늦은 나이에 새롭게 뜻을 이룬 사람들이 대거 출현할 수도 있을 것이다.

나이는 성공과 관계없다. 성공은 나이의 제한을 받지 않는다. 당연히 젊었을 때는 원기왕성하고 신체 조건도 좋지만 나이가 들었다고 해서 지혜가 떨어지는 것을 뜻하지는 않는다. 의학적 연구에 의하면 사람의 지적 능력은 50세 때에도 젊었을 때와 똑같고, 뇌의 활동은 60세 때에 가장 왕성하며 80세가 되면 조금씩 쇠퇴한다고 한다. 과학에서도 성공은 일생의 일로 남녀노소의 구별이 없다는 것을 말해주고 있다.

혹 아직 뜻을 이루지 못한 분들이 계시다면 '대기만성'을 가슴에 새기면서 너무 낙심하지 않기를 빌어본다.

유지자有志者, 사경성事竟成!(뜻만 있다면 끝내 이룰 수 있다!)

한유가 아들에게 준 시
—등화가친

燈火可親
등불을 가까이 할 수 있다는 말로, 학문을 탐구하기에 좋다는 뜻

燈 : 등잔 **등**
火 : 불 **화**
可 : 가할 **가**
親 : 친할 **친**

　한국은 춘하추동의 기후가 분명한 나라다. 끝이 없을 것만 같던 여름 열기도 9월이 시작되면 슬그머니 꼬리를 내리고 아침 저녁으로는 선선한 바람이 옷깃에 머문다. 그러나 늦더위라는 말도 있어 반드시 가을이 왔다고는 말할 수 없다. 늦더위를 중국어로는 가을호랑이라는 뜻으로 '추라오후〔秋老虎〕'라고 한다.

　본래 추라오후는 입추 후에 찾아오는 더위를 말하는데 하늘은 맑지만, 직사광선이 강하여 참기 어려운 더위라는 뜻으로 이런 이름이 붙었다고 한다. 미국영어로는 늦더위를 '인디안 섬머indian summer'라고 하는데 중국에서 말하는 '가을 호랑이' 든 미국에서 말하는 '인디안 섬머' 든 그 이름으로 볼 때는 용맹한 느낌이 들어 적절하게 표현한 것 같다.

그러나 아무리 용맹하여도 며칠만 참으면 될 것이라는, 그러니 두려울 것 없다는 속뜻을 내포하는 단어라고 볼 수 있겠다. 그런데 인디안 섬머의 사전적 의미를 보면 '가을의 봄날같은 포근한 날씨'로 설명되어 있으니 우리가 말하는 늦더위나 중국에서 말하는 가을호랑이하고는 좀 거리가 있지 않나 싶다.

천고마비의 계절, 독서의 계절 등 가을을 표현하는 단어들은 많기도 하다. 그중에서 빼놓지 않고 등장하는 단어는 '등화가친'일 것이다. "등불과 가까이해도 좋은 계절"이니 가을이다. 흔히 '등화가친의 계절'이라고 쓰는데, 날씨가 서늘하고 하늘이 맑으며, 수확이 풍성해 마음이 안정되어 공부하기에 더없이 좋은 계절이라는 말이다.

옛날에는 지금과 같은 전기불이 없었을 테고 공부를 하려면 등불을 켜야만 하는데 여름 더위에 그 불빛은 또 얼마나 덥겠는가? 게다가 등불을 켜놓고 있으면 날아드는 나방이는 또 얼마나 많았을까? 필자가 어렸을 때는 시골 대청마루에 밤에 앉아 있으면 땅강아지도 날아오곤 하였던 것이 기억난다. 지금 생각하면 참으로 낭만적인 풍경이 아닐 수 없다. 그러나 역시 여름밤에 등불을 켜놓고 공부한다는 것은 어려운 일이다. 요즘은 등불이 아닌 스탠드도 그 열기가 부담스럽다. 그러니 가을 바람이 솔솔 불어오면 옆에 켜놓은

등불도 친근해지고 저절
로 공부가 될 것만 같다.

　등화가친은 당나라의
대문호이자 사상가, 정치
가였으며　당송팔대가의 한 사람인 한유韓愈의 시 〈부독서
성남시符讀書城南詩〉 중의 한 구절이다.

　　때는 가을이 되어 장마도 마침내 개이고,

　　서늘한 바람은 마을에 가득하네.

　　이제 등불도 조금은 가까이 할 수 있으니,

　　책을 펴 보는 것도 좋지 않겠는가.

　　시추적우제(時秋積雨霽)

　　신량입교허(新凉入郊墟)

　　등화초가친(燈火稍可親)

　　간편가서권(簡編可舒卷)

　한유에게는 아들 창昶이 있었는데, 그는 자식의 교육에
남다른 관심을 가져 위와 같은 시를 지어 보내 독서를 권하
였다. 본래는 54구절의 긴 시다.

　등화가친! 서늘한 가을 저녁에 밝은 등잔불 아래서 귀뚜

설날을 장식한 백화점 홍등
(중국 정주시)

라미 소리를 들으며 독서에 열중하고 있는 모습을 상상하게 만드는 구절이다.

중국의 등롱

등화가친이 나온 김에 중국의 등롱에 관해서 한번 살펴보려고 한다.

중국 사람들만큼 등불을 즐기는 민족도 드물 것이다. 전국戰國시대부터 등을 달았다고 하니 무려 2천5백년의 역사가 되는 셈이다. 명절이나 행사가 있을 때면 으레 집 앞이나 길거리에 등불부터 내건다. 뿐만 아니라 설날이 다가오면 집안을 장식하는 연화年畵와 등불로 한층 명절 분위기를 낸다. 일반가정만이 아니라 백화점이나 호텔에도 온통 붉은 등을 달아서 한껏 분위기를 고조시킨다. 이런 것을 중국사람들은 '희기양양喜氣洋洋'이라고 한다. 또한 정월 대보름의 관등觀燈 행사도 장관이다.

중국은 주周나라 때부터 야간통금을 실시했다. 그러다 보니 백성들이 겪는 불편이 많았다. 그래서 통치자들은 백성들의 억압된 심리도 풀어주고 또 태평성대를 과시하기 위해 명절만큼은 통금을 해제하고 휘황찬란한 등을 궁성 주위에 내걸게 했다. 이때부터 차츰 등을 거는 기간도 늘어나 명 태조 주원장은 10일간이나 걸게 했으며, 지금은 설부터 대보름까지 무려 15일간을 걸어둔다.

대보름 날 등장하는 등의 모양도 각양각색이다. 각종 과일과 꽃, 물고기 등…. 그중 대표적인 것을 들자면 역시 주마등이 아닐까 싶다. 등 위에 둥근 원반을 올려놓고 원반의 가장자리를 따라 말이 달리는 그림을 붙여 늘어뜨린다. 마치 영화의 필름처럼 연속 동작의 그림을 붙여 놓는 것

▲거리를 장식한 홍등
(중국 정주역앞)
▼하얼빈 공항

이다. 밑에서 촛불을 밝히면 등 내부의 공기가 대류對流 현상을 일으켜 원반을 돌게 한다. 촛불의 밝기에 따라 회전속도도 빨라짐은 물론이다. 원반이 돌아가면 마치 만화영화를 보는 듯한 착각에 빠지게 된다. 말이 질주하는 모습이 연속 동작으로 눈에 들어오게 된다. 그것이 주마등이다. 워낙 빨리 돌았으므로 주마등은 세월의 빠름이나 어떤 사물이 하루가 다르게 변하는 것을 형용하기도 한다. "마치 주마등처럼 스쳐 지나갔다"든가, "지난날이 주마등 같다"는 표현이 있다.

요즘 중국에서는 하얼빈의 등불축제가 유명하다.

매년 1월 5일에서 2월 5일 사이에 중국 헤이룽장성〔黑龍江省〕 하얼빈〔哈爾濱〕에서 개최되는 눈과 얼음의 겨울축제로 하얼빈빙등제라고도 한다. 1963년부터 열리기 시작했지만, 공식적으로는 1985년 제1회 하얼빈빙설제〔哈爾濱氷雪祭〕가 열리면서 부터이다.

개최 기간에는 전세계의 유명 얼음조각가들이 모여들어 세계의 유명 건축물이나 동물·여신상·미술품 등의 모형을 만들어 전시하는데, 영하 20℃ 이하의 추운 날씨에서 얼어붙은 쑹화강〔松花江〕의 단단하고 하얀 얼음을 이용한다. 또 오후 4시 이후에는 얼음 조각 안에 오색등을 밝혀 신비하고 아름다운 장관을 연출해, 건축·조각·회화·춤·음악 등이 고루 어우러진 예술 세계를 보여준다. 특히 조각 속에 장식하는 등불의 휘황찬란함은 보는이들의 감탄을 자아낸다. 이것 또한 유구한 중국 등의 전통을 이어내려오는 것이 아닌가 싶다.

중국의 긴 역사 속에서도 한나라 때의 등은 최고라고 할 만하다. 한대의 등은 진나라와 전국시대의 등을 계승하면서 만들어진 최고의 공예품이다. 등의 재질면에서도 도자기등, 청동등, 철등, 옥등, 석등이 있으며 그 중 청동등이 가장 다양하다. 등롱의 조형은 인물형상, 동물형상 등 기물의 형태도 다양하다.

한대의 등롱들은 디자인은 물론이고 채광, 기름의 절약, 방풍, 먼지 제거 등의 모든 면에서 과학적이고 조형미와 생동감을 느끼게 해주는 걸작품들이다. 이 기회에 중국의 유명한 등롱 몇 개를 감상해 보고자 한다.

장신궁등長信宮燈

장신궁등은 1968년 하북성에서 출토되었는데 태후 두竇씨가 기거하던 장신궁에 놓여져 있었다. 이 등은 높이가 48cm이고 전체가 금으로 도금되어 있다. 등의 본체는 꿇어앉아 등을 들고 있는 우아하고 얌전한 궁녀의 모습으로 등받침, 등갓, 바람막이판 및 궁녀의 머리부분과 오른쪽 팔은 모두 분해될 수 있다. 등의 밑받침에는 손잡이가 있어 등을 회전시키거나 빛의 방향을 조절할 수 있다.

장신궁등

궁녀는 왼손으로는 등받침대를 바치고 있고 오른손에는 등을 들고 있다. 몹시 교묘하게 오른 쪽 소매를 연통으로 만들었으며 연기와 재가 오른쪽 어깨를 통과해 몸 속으로 들어가기 때문에 그을음을 줄였다.

궁녀의 모습은 아주 침착한데 얼굴이 통통하고 눈썹이 수려하나 아직 어린 아이 티를 벗어나지 못한 소녀 형상이다. 답답한 심정의 표정을 억누르지 못하는 모습이다. 정중하고도 공손하게 등을 들고 있는 자태이지만, 하녀 신분의 굴욕감을 드러내고 있다. 마치 "그래, 나는 등이나 드는 하녀 신분일 뿐이야"라는 원망함이 깃들어 있는 것도 같다. 조형과 장식 스타일이 정교하고 화려하며, 어떤 각도에서 감상하여도 자연스럽고 우아한 멋을 준다.

주작등朱雀燈

불심지에 불을 붙일 수 있는 접시는 세 단계로 되어 있어 동시에 세 군데에 불을 붙일 수 있도록 만들었다.

주작등

와양등臥羊燈

누워있는 양의 모습으로 머리를 들고, 두 뿔은 앞을 향하여 구부러져 있고, 몸체는 빛이 나며, 짧은 꼬리를 갖고 있다. 등접시는 타원형으로 한쪽에 주둥이가 있어서 등잔을 놓기에 편하도록 되어 있다. 양의 배는 비어 있는데 기름을 넣는 곳이다.

와양등

소모양의 등

몸체는 입을 벌리고 고개를 숙인 채 치받으려고 하는 황
소의 모습으로 등에는 등잔을 짊어지고 있다. 등잔
외부에는 두 개의 기와형의 문이 있다. 문의 장식은
마름모꼴의 문양으로 투조되어 있다. 위에는 돔
형식으로 가리개가 있으며 또한 구부러진 관이
소머리와 연결되어 있는데, 그을음을 소의 뱃속
으로 끌어내기 위한 것이다.

소모양의 등

당 · 삼채등三彩燈

이 삼채등은 받침 · 자루 · 등접시 · 등잔의 4부분으로 구
성되었다. 등받침 · 자루 · 등접시 · 등잔에는 모두 연꽃잎
문양이 장식되어 있다. 등자루는 위는 가늘고 아래는 굵으
며, 등받침은 대야를 엎어 놓은 모양으로 안정감과 대범함
의 미감을 느끼게 한다. 유색은 화려하며 당 삼채 중의 상품
에 속한다.

당 · 삼채등三彩燈

입에는 꿀, 뱃속에는 검
─구밀복검

口蜜腹劍

입에는 꿀이 있고 뱃속에는 칼이 있다는 뜻으로 말로는 친한 듯하나 속으로는 해칠 생각이 있음을 이르는 말.

口 : 입
蜜 : 꿀
腹 : 배
劍 : 칼

구
밀
복
검

　　이 세상에서 사람의 진정한 마음을 안다는 것은 참으로 어려운 일이다. 어느 때는 알면서도 모른 체하고 지나는 것이 내 스스로 편할 때가 많다. 말은 그 사람의 영혼이며, 표현이며, 상징이다. 그러나 그런 말이 마음 속과는 전혀 다르게 나오면 실망을 주게 되고 그 사람에 대한 신의가 없어지게 된다.

　　우리가 보통 말하는 "겉과 속이 다르다"는 말에 해당하는 고사성어로는 '구밀복검口蜜腹劍'이란 말이 있다. 이 네 글자는 모두 명사로 이루어졌기 때문에 문장구조상 한 문장이라고 말하기는 어렵다. 그 본래의 뜻은 "입에는 꿀이 가득하지만, 뱃속에는 검이 들어있다[口有密, 腹有劍]' 즉, 말은 달콤하게 하면서 속으로는 남을 해칠 생각을 품는 것을 말한다.

당나라 현종 이융기李隆基는 재위 기간 중 전반 20여 년은 현명한 사람을 임용하였으며, 자신도 허심탄회하게 대신들의 의견을 수렴하였다. 이렇게 군신 간에 힘을 합하여 정치를 하게 되니 국가는 부유하고 강성해졌으며 백성의 생활도 안정되어 '개원성세開元盛世'를 이룰 수 있었다. 그러나 세월이 지나자 당 현종은 오만하고 자만심에 빠져 미신을 좋아하고 생활도 사치스러워졌으며 정사를 처리함에 있어서도 나태해졌다. 특히 그는 몇 명의 간신들을 너무나 신임하고 중용하면서, 정직하고 강직한 대신들을 파면시키거나 유배를 보내었으며 심지어는 죽이기까지 하였다. 이렇게 되자 당나라는 급속하게 혼란한 국면으로 접어들었으며 대난동의 화근을 심어놓기에 이르렀다.

간신 이임보

당 현종이 중용한 간신 중에서 가장 악랄한 자는 이임보李林甫 · 양국충楊國忠 · 안록산 세 사람을 꼽을 수 있다. 이임보는 음험하고 교활하며 악랄한 자로서 표면으로는 몹시 돈후하고 선량한 듯이 말할 때에는 입에 꿀을 바른 것처럼 감미로워 사람들은 그를 좋은 사람으로 생각하였다. 그러나 실제로는 시시각각 다른 사람을 음해하고자 하였다. 특히

당 현종

자기에게 잘못한 사람이나 자기의 밑으로 들어오지 않는 사람, 또는 자기보다 재능이 많은 사람을 음해하였다. 이리하여 당시 사람들은 이임보를 "입에는 꿀을 발랐지만 뱃속에는 검을 가진 사람"이라고 하였다. 그리하여 사람을 죽여도 피가 보이지 않을 정도로 수단이 음험하고 악랄하게 사람을 해치는 것을 비유한 '구밀복검口蜜腹劍'이란 말은 바로 이렇게 하여 생긴 것이다.

당시 현종이 가장 총애하는 왕비는 무혜비武惠妃였으며 그의 소생 수왕壽王 모瑁 역시 현종의 총애를 받고 있었다. 그러자 이임보는 당 현종의 마음에 영합하고자 이들과 비열한 수단으로 사귀면서 늘 현종 주위에서 맴돌았다. 그의 귀는 안테나처럼, 눈은 먹이를 노리는 매처럼 현종이 무슨 일을 하는지에 관심을 쏟았다. 그의 레이더 망은 늘 현종의 일거수 일투족을 훑고 있었다. 또한 현종의 최 측근인 환관 고력사高力士를 매수하여 현종의 신임을 얻어 결국 황문시랑黃門侍郎의 관직을 얻게 되었다.

이임보는 일반 사람들과 접촉할 때도 표면으로는 사람들과는 웃는 낯으로 몹시 협조하는 척하면서 입으로는 온갖 좋은 말을 하였다. 그러나 그의 내심은 태도와는 전혀 딴판이었다. 종종 사람들이 그를 찾아 여러 가지 부탁을 하고 사정을 하면 이임보는 언제나 시원스럽게 대답을 하였지만 도움은커녕 오히려 암암리에 일을 그르치게 만들어 많은 사람들이 그에게 속임을 당하였다. 그가 일찍이 앙심을 먹고 있던 사람들을 해꽂이 하고자 할 때는 그는 우선 짐짓 그와 친한 척하면서 공경하고, 유혹하여 전혀 해를 끼칠 낌새를 채지 못하게 하였다. 그러다가 순간적으로 악랄한 수단으로 사람을 해하는 관계로 사람들은 해를 당하고도 그가 한 줄을 알지 못할 정도였다.

당 현종이 일찍이 이임보를 재상으로 제수하고자 노재상인 장구령張九齡과 상의하였는데 장구령은 이임보가 정도를 걷는 사람이 아님을 꿰뚫어 보고 단도직입적으로 대답하였다.

"재상의 지위는 국가의 안위와 관계가 있습니다. 폐하께서 만일 이임보를 재상에 제수하신다면 장래 국가가 재난에 처할까 걱정이옵니다."

이 말이 이임보에게 전해지자 그는 이를 갈며 장구령을 미워하게 되었고 호시탐탐 복수할 기회를 노렸다.

현종 또한 종종 간언을 하는 장구령이 귀찮아졌다. 게다가 이임보가 날조하여 비방하자, 현종은 끝내 구실을 찾아서 장구령의 재상 직위를 박탈하고 이임보에게 재상 자리를 주었다. 이리되자 이임보는 터놓고 공격과 박해를 가하니

▲ 화산華山

중국 오악五岳중 서악에 해당된다. 화산의 봉우리가 마치 꽃과 같다하여 이런 이름이 붙었다고 한다. 華는 花와 통한다. 산세가 몹시 험해 '기험천하제일崎險天下第一'이라고 불린다.

▼ 화산 하기정

이 정자는 화산의 봉우리에 자리 잡고 있다. 정자 내에는 바둑판이 있어 바둑 두는 정자라는 뜻으로 '하기정下棋亭'이라 부른다. 전해오는 바에 따르면 송 태조 조광윤은 이곳에서 화산을 내걸고 도사 진단陳搏과 내기 바둑을 두었는데 결국 진단에게 졌다고 한다.

장구령은 결국 장안에서 쫓겨나 외지에서 병사하였다.

이임보는 재상이 되자 당 현종과 문무백관들을 이간질 시키고 사람들이 당 현종 앞에서 의견을 제기하는 것을 불허하였다. 한 간관諫官이 이임보의 말을 듣지 않고 상주문을 현종에게 올렸는데 이튿날 바로 그를 파직시키고 외지의 현령으로 강등시켰다. 이리되자 사람들은 이임보의 의중을 알고 이후에는 감히 누구도 현종에게 직접 의견을 제출하지 않았다.

한번은 그가 이적지李適之라는 사람을 증오하게 되었다. 그리고 마음 속으로 그를 해하고자 마음 먹었지만 도리어 그와는 아주 친하게 지내며 친한 척하였다. 그러면서 하루는 은근히 말하였다.

"적지 형! 화산華山 지역에 황금이 많이 저장되었다던데 만일 대량으로 발굴한다면 이는 백성과 나라를 부강케 하는 일이 아니겠소? 적지 형! 나는 바빠서 할 수 없으니까, 혹 형께서 기회가 된다면 한번 황제에게 주청을 드려보는 것이 어떻겠소?"

이적지라는 사람은 성정이 강하고 곧은 사람으로 그 말을 듣고는 과연 그렇다고 생각하였다. 그래서 하루는 황제에게 화산에서 황금을 채굴하면 좋겠다고 상주하였다. 현종도 이를 듣고는 몹시 기뻐하면서 곧 이임보를 찾아 이 일을 상의하였다. 그러자 이임보는 말하였다.

"이 일에 대해 저도 이미 들었습니다. 화산은 제왕의 서기가 서린 곳이기 때문에 만일 개발하면 황제에게 이롭지 않을 겁니다. 이 일은 천부당 만부당한 일입니다."

현종은 이 말을 듣고는 감동하여 이임보가 정말 충신이라고 생각하는 한편, 이적지에게 몹시 불만을 갖고 이후로는 이적지를 멀리하였다.

이임보는 10년간 재상을 하면서 재능있는 정직한 대신들을 한사람 한사람씩 배척하고, 아첨만 일삼는 소인배들을 중용하고 선발하였다. 이임보가 재상으로 있는 동안에는 조정에서 직언이나 간언을 하는 사람이 없게 되었고 바로 이때부터 당나라의 정치는 흥성의 시기에서 쇠퇴의 길로 접어들게 되었다. '개원성세'의 번영은 소실되고 결과적으로는 '안사의 난'이 발생하여 몹시 강성했던 당나라도 한번 주저앉은 후로는 다시 재기하지 못하고 이후의 156년 간은 줄곧 혼란 속에 처해있게 되었다.

나라에서 얼마나 사람을 잘 써야 되는지를 보여주는 좋은 예라 할 수 있겠다.

아름답고 슬픈 사랑의 징표
―파경중원

破鏡重圓

깨진 거울이 다시 둥글게 된다는 뜻으로, 이별한 부부가 다시 만나는
것을 비유하여 이르는 말.

破 : 깨뜨릴 **파**
鏡 : 거울 **경**
重 : 거듭할 **중**
圓 : 둥글 **원**

우리는 각양각색의 거울을 하루에도 몇 번씩 보면서 산
다. 특히 여성들에게 있어서 거울은 필수품이다. 요즘은 손
거울, 몸거울이 너무나 예쁜 것이 많아서 그 자체로 예술품
이라고 할 수 있다. 그러나 이렇게 예쁜 유리거울도 잘못하
면 깨지고 만다. 깨질 파破, 거울 경鏡 곧 한자어로 파경破鏡
이다. 깨진 거울이 다시 둥그렇게 되는 것처럼〔重圓〕 파경을
맞았다가 다시 합쳐지는 것이 '파경중원'이다. '파경중원'
은 그래서 부부가 헤어졌다가 다시 합친다는 의미인데 여기
에는 아름다운 이야기가 전해 내려온다.

당나라 맹계孟棨의 《본사시本事詩 · 정감情感》에 이에 관한
기록이 있는데 수나라 월국공越國公 양소楊素의 이야기다.

양소(?~606년)의 자字는 처도處道고 화음華陰(지금의 섬서성 화

음) 사람으로 걸출한 군사가다. 수
문제隋文帝 양견楊堅이 중국의 지방
할거세력을 평정하고 천하를 통일
할 때 커다란 공을 세운 사람이다.
그는 지략이 출중할 뿐만 아니라
또한 무예도 뛰어나 문무를 겸비한
사람이었다. 조정이나 재야에서도
명성이 혁혁하였다.

　수나라 개황開皇 9년(589) 남조의
왕국인 진陳나라를 평정하였다. 이때 양소가 진나라를 평정
하는데 공이 컸으며, 진 후주를 모시고 있던 서덕언徐德言의
아내인 낙창공주樂昌公主는 재색을 겸비한 절세미인이었는
데 수 문제는 자기 멋대로 낙창공주를 양소에게 주어 첩을
삼도록 했다. 양소는 낙창공주의 재주를 사모한데다가 또
미색을 탐하였기 때문에 그녀를 몹시 총애하였다. 그녀를
위해 커다란 집도 장만해주었으나 공주는 하루 종일 시름에
겨워 지냈다.

　실은 진나라의 낙창공주와 남편 서덕언은 몹시 사랑하는
사이로 나라가 망하려고 하자 서덕언은 눈물을 흘리며 아내
에게 말했다.

　"나라와 집안이 망하려하니 우리의 헤어짐은 당연한 것

이오. 당신은 재색을 겸비하였으니 나라가 망하면 반드시 적군의 재상이나 장수의 첩이 될 것이오. 우리가 부부로 오래 헤어져 있다 해도 난 당신만을 생각하고 꿈에서도 당신을 만날 것이오. 만일 신이 계시다면 우리의 이승에서의 부부연은 저승에서라도 맺을 수 있을 것이오. 그래서 내가 당신에게 신표를 줄 것이니 이것으로 후에 서로 만나는 증표로 삼아 소중히 간직합시다. 만일 살아남게 되면 내년 정월 보름날 도성의 시장으로 거울을 내다 팔도록 하시오. 나도 살아있으면 그날은 무슨 일이 있어도 반드시 도성의 시장으로 찾아가겠소."

그리곤 서덕언은 청동거울을 둘로 쪼갠 후 부부가 한쪽씩 간직하고는 헤어지게 되었다.

사랑하는 부부는 나라가 망하자 비록 비굴한 목숨이긴 하지만 온갖 고난을 다 겪으며 살아남았다. 다행히 그 다음해 정월 보름날 서덕언은 천신만고 끝에 약속한 시장에 나가보니 과연 한 늙은이가 반쪽 거울을 팔고 있었는데 값을 터무니 없이 높게 불러 감히 사람들이 살 수 없게 하였다. 서덕언은 반쪽 거울을 보고 아내의 행방을 알게 되자 흐르는 눈물을 참을 수가 없었다. 그는 더는 미룰 수가 없어 노인이 부르는 값을 치루고는 노인을 데리고 자신의 처소로 데리고 와서 음식을 대접하였다. 서덕언은 노인에게 1년 전 거울을 둘로 나눈 사연을 들려주고 자신이 보관하고 있던 반쪽을 꺼내어 떨리는 손으로 합하였다. 노인은 이 부부의 깊은 사랑에 감동을 받아 울면서 어떻게 하던지 그들이 다시 함께 하도록 하겠다고 하였다. 서덕언은 달빛아래 아내를 그리는 애틋한 시 한 수를 적어 거울과 함께 낙창공주에게 전해달라고 노인에게 주었다.

거울과 사람이 함께 갔는데,
거울만 돌아오고 사람은 돌아오지 않네.
다시 만날 수 없는 항아님의 그림자,
헛되이 밝은 달빛만 머무네.

경여인구거(鏡與人俱去)
경귀인불귀(鏡歸人不歸)
무부항아영(無復姮娥影)
공류명월휘(空留明月輝)

노인이 거울을 가지고 돌아가, 이 시를 공주에게 주자 남편이 살아있다는 소식에 기뻤지만 만날 수 없는 것에 상심하여 식음을 전폐하고 울기만 했다. 이 사실을 알게 된 양소는 두 사람의 깊은 애정에 감동하여 서덕언을 궁으로 불러

중국동경
둥근 원 안에 네 마리의 짐
승이 있고 꼭지는 하나다.

들이고 큰 잔지를 벌여 두 사람이 만나도록 하
였다. 성 안의 사람들은 모두들 서덕언
과 공주의 재결합을 반기고 양소의
큰 도량을 칭찬하였다. 잔치가 끝난
후에 두 사람은 손을 잡고 강남 고
향으로 돌아갔고 이 아름다운 이야
기는 중국전역에 퍼지게 되었으며
지금까지 전해져 내려온다.

파경중원의 반대의 뜻으로는 복수난수覆水
難收 또는 일거불반一去不返이 있다

우리가 현재 유리거울을 필수품으로 여기는 것처럼 고대
에는 청동거울인 동경銅鏡 또한 일상용품이었다. 서한 때 사
람들은 거울을 남녀가 사랑하는 징표로 여기며 서로 주고
받았다. 생전에 그 증표를 늘 가지고 다녔으며 죽어서도 무
덤 속에 함께 부장품으로 넣었다.

중국 거울의 역사

중국 거울은 은상殷商시대에 이미 생산되었는데 동으로
주조했기 때문에 동경이라고 한다. 이런 거울은 한쪽은 연
마를 하여 얼굴을 비추게 만들었고, 뒤쪽에는 아름다운 여
러 가지 문양을 새겨넣었다. 동경은 자신의 얼굴을 비춰보

는 것이기 때문에 또한 '동감銅鑒' 이라고도 한다.

전국시대에 동경이 성행하였으며 그 제작도 몹시 정교하였다. 한대에 이르러 제작은 더욱 정교해졌으며 장식문양은 기하학 도형 이외에도 조수, 인물 등으로 확대되었다.

서한 시대에는 '투광透光' 의 청동경이 생산되었는데 보기에는 일반 동경과 같지만, 거울을 햇빛에 대고 벽이나 병풍에 비추어보면 거울 뒷면의 그림이나 글씨가 나타나는데 마치 X - 레이로 비춰보는 것처럼 투시된다. 이로보아 고대 동경 장인들이 얼마나 거울을 만드는데 심혈을 기울였는지 알 수 있다.

동경이 어떻게 빛을 투과할 수 있단 말인가? 이는 오래 전부터 사람들의 수수께기였다. 과학자 심괄沈括을 시작으로 9백여 년 동안 과학자들은 이 비밀을 캐려고 노력했지만 풀지 못하였고, 근세에 들어와서야 이 비밀을 알게 되었다. 동경에 있는 명문銘文이나 도안은 몹시 두꺼운데 명문이 없는 곳은 비교적 얇다. 두께에 차이가 나기 때문에 동경을 주조할 때는 몹시 주조에 응집력이 생기고 거울을 연마할 때에 탄력적으로 변형이 이루어져서 두꺼운 곳에는 곡률이 작고, 얇은 곳에는 곡률이 크게 된다. 이 차이는 아주 미미하여 육안으로는 나타나지 않지만, 곡률의 차이와 장식문

금대의 동경
두 마리 잉어가 물 속에서 헤엄치고 있는데 이런 문양은 여진족들이 좋아하던 것이다.

당나라 동경

갈색 칠에 나전을 상감하였는데 그 모양은 구름위에 서려있는 비룡이다.

양은 상대적으로 대응이 되어 광선을 거울 면에 투과시킬 때 곡률이 비교적 큰 곳에 반사광이 분산되어 투영이 어둡게 된다. 반면 곡률이 비교적 작은 곳에는 반사광이 집중되어 투영이 밝다. 그래서 우리가 햇빛에 비추어 볼 때 비교적 밝은 곳의 글자나 문양이 나타나는 것이다.

이렇게 거울 뒷면의 문양으로 볼 때 동경은 마치 정말로 투광하는 것 같다. 이것이 바로 동경이 투광되는 오묘한 비밀이다. 이러한 비밀을 알게 되면 위조 청동거울도 찾아낼 수 있다. 위조된 동경은 절대로 빛을 투과하지 못하기 때문이다.

당대의 거울 제작의 예술은 더욱 심화되었는데 스타일이 아름답고 화려해졌다. 동경의 외형은 원형 이외에도 또 네모진 것, 팔각형, 능화형 등이 있었고 능화경의 가장자리에는 여덟 개의 꽃잎으로 장식하였으며 거울 뒷면에는 나무·풀·꽃·새 등 작은 풍경으로 꾸몄다. 이런 스타일은 당나라 때 몹시 유행하였는데 그래서 '능화'는 동경을 지칭하는 것이기도 하다. 당대의 문인 사공도司空圖는 의인화의 수법으로 동경을 '용성후容成侯' '수광선생壽光先生'이란 아호를 붙혀주었다.

송대에는 송 태종의 조부 이름이 조경趙敬이었는데 '공경

경敬'자와 '거울 경鏡'의 중국어 발음은 모두 jing
이라서 그것을 휘諱하느라 거울을 '조照'라고 하였
다. 중국어로 거울을 본다고 할 때는 'zhaojingzi照
鏡子'라고 하는데 그냥 비출 조자를 거울이라는 명
칭으로 사용하여 송대에는 거울을 'zhaozi照子'라고
하였다.

한대의 동경
꼭지의 구멍은 하나다

송대의 정치가이자 문장가인 황정견의 글〈심원춘沁園春〉
속에 "거울 속에서 꽃을 꺾고, 물 속에서 달을 잡는 것처럼
볼 수는 있지만 그대를 얻을 수는 없네"라는 구절이 나오는
데 여기에서 '거울 속의 꽃, 물 속의 달'이란 뜻인 '경화수
월鏡花水月'은 불가능한 현실을 비유하는 것이다. 《홍루몽》
의 주인공 가보옥賈寶玉과 임대옥林黛玉도 "하나는 물 속의
달이고, 하나는 거울 속의 꽃"이었기 때문에 그들의 애정은
비극으로 끝났다.

고대에는 또 동경 이외에도 진대秦代에는 금경金鏡, 한대
에는 철경鐵鏡, 진대晉代에는 은화경銀華鏡, 송대에는 손잡이
가 있는 거울이 출현하였고, 청대 이후에야 유리 거울이 출
현하였다.

현재 중국이나 한국에는 청동거울을 수집하고 즐기는 마
니아들이 많이 있다. 중국의 동경도 훌륭하지만 한국의 동
경, 그중에서도 국보 141호인 다뉴세동문경은 그야말로 과

국보 141호 다뉴세문경

학과 예술이 결합된 최고의 걸작품이라 할 수 있다. 지름 21.2cm 원 안에 1만 340개의 선이 0.02cm의 간격으로 새겨져 있고 사방에 그려진 동심원 8개도 똑같다. 이 기술이 너무 놀라워서 그동안 똑같은 복제품을 만들려고 여러 번 시도했으나 현재의 과학에서도 완전히 똑같은 문양은 만들지 못하고 있다고 하니 그 우수성에 다시 한 번 감탄을 금할 수 없다.

특히 골동품으로 수집하는 사람들은 위조여부를 잘 가려야 할 것이다. 위에서 설명한 투시해보는 것도 위조 감별의 한 방법이지만 또 거울의 끈을 매달았던 꼭지인 뉴鈕의 구멍이 한 개인지 두 개인지도 잘 살펴보아야 한다. 두 개 짜리는 한국 것이고 중국 것은 꼭지구멍이 한 개다.

엎어진 물을 어찌 다시 담으랴?
─복수난수

覆水難收

엎지른 물은 다시 담을 수 없다는 말로, 한 번 저지른 일은 어찌할 수 없거나 다시 중지할 수 없다는 뜻.

覆 : 엎어질 **복**
水 : 물 **수**
難 : 어려울 **난**
收 : 거둘 **수**

요즘 모 항공사의 중국 노선 TV광고에 멋진 저음으로 'fu shui bu fan fen〔覆水不返盆 복수불반분〕이라는 중국어 발음과 함께 뜻도 알려주지 않으면서 고사성어를 자막으로 내보내고 있다. 그리고 화면에는 "강태공이 당신에게 말합니다"라는 글귀와 함께 중국 서안의 화청지를 보여준다. 중국에 저런 멋진 장소가? 저 중국어는 도대체 뭐라는 거야 하고 광고를 보는 사람들을 더욱 호기심에 빠져들게 한다. 저런 멋진 광고를 하면서 요즘 젊은이들이 가장 싫어하고 어려워하는 한자를 자막으로 내보내니 자연스럽게 공부가 되지 않을까 생각이 든다. 그런데 기왕 하는 것이라면 그 화면에 더욱 걸맞는 것이었다면 금상첨화였을 것 같다는 생각이 든다. 화청지라면 양귀비가 먼저 떠오르고 현종이 떠오르고 '서

서안 화청지

안사변'의 장학량도 떠오른다. 광고에 나오는 '복수불반분'
은 '복수난수覆水難收'와 같은 뜻으로 "엎지른 물은 다시 담
을 수 없다"는 말로, 한 번 저지른 일은 어찌할 수 없다는 또
는 다시 중지할 수 없다는 뜻이다. 이 고사성어와 연관이 있
는 유명한 인물로는 강태공과 주매신朱買臣이 있다.

강태공과 그의 아내 마씨

'복수난수'에 관해서는 두 가지 이야기가 전해온다. 하나
는 강태공에 관한 일이다.

상나라 말기에 지모가 뛰어난 사람이 있었으니 성은 강
姜, 이름은 상尙, 자는 자아子牙며 사람들은 강태공이라고 불

렀다. 그의 선조는 여呂에 봉
해졌기 때문에 또 여상呂尙이
라고도 한다. 강태공은 주 문
왕과 무왕을 보좌하여 은나라
를 멸하고 주나라를 세우는데
큰 공을 세웠다. 후에 제齊에
봉해져 춘추 시대에 제나라의
시조가 되었다.

**주 무왕이 강태공을
예방한 그림**

글 내용은 "버드나무 그늘
아래 낚싯대를 잡고 있는
데, 무왕이 위수로 현인을
뵈러왔네"라는 뜻이다.

　　강태공은 일찍이 상나라의 관직에 있었지만 은나라 주왕
紂王의 잔혹한 정치에 불만을 갖고 관직을 버리고 섬서성 위
수가에서 은거하고 있었다. 강태공은 당시 한창 발흥하고
있던 주周민족의 영수인 희창(즉 주 문왕)의 중용을 얻기 위하
여 일부러 강변에서 짐짓 낚시질을 하였다고 한다.

　　강태공이 하루종일 낚시만 하고 있자 생계에 문제가 생겼
다. 아내 마馬씨는 남편의 앞길이 뻔하다고 생각하고 가난
을 참지 못하고 그와 헤어지기로 하였다. 강태공이 조만간
부귀를 얻게 될 것이라고 하며 조금만 참아달라고 부탁하였
다. 그러나 마씨는 강태공이 거짓말을 하는 것이라고 생각
하며 믿으려 하지 않았다. 이에 강태공도 그녀가 떠나는 것
을 더는 막을 수가 없었다. 후에 강태공은 주 문왕의 신임과
중용을 받고 그를 도와 상나라를 멸하고 서주 건립의 공신

보계시의 조어대 강태공 조
각상

이 되었다. 따라서 강태공의 부귀와
지위는 누구도 따를 자가 없게 되었
다. 이를 본 마씨는 자신의 행동을 후
회하면서 강태공을 찾아가 다시 부부
관계를 회복하기를 간청하였다. 강태
공은 마씨의 위인됨을 이미 간파하였
기 때문에 다시 부부관계를 맺고 싶지 않았다. 그래서 한 주
전자의 물을 땅에 붓고는 마씨에게 물을 주워담으라고 하였
다. 마씨는 재빨리 물을 긁어모았지만 모아진 것은 진흙뿐
이었다. 그때 강태공이 냉랭하게 말했다. "당신
이 이미 나를 떠났으니 다시는 함께 할 수 없소.
이 물이 땅에 쏟아진 후에는 다시 주워담을 수
없는 이치와 같소"라고 말했다.

음식에 조각한 강태공
생선요리와 함께 당근으로
강태공이 낚시질하는 모습
을 조각하여 내놓았다. 낚
시바늘이 생선 입에 걸려
있다.

또 강태공과 관련된 고사성어 중에 '궁팔십窮
八十 달팔십達八十' 이란 말도 있는데 흔히 줄여
서 그냥 '달팔십'이라고 한다. 이는 강태공이
팔십에 주 문왕을 만나 그후 팔십 년간이나 부
귀영화를 누렸다는 데서 나온 말이다. 그렇다
면 강태공은 160세까지 장수했다는 말이 되는데 어느 정도
신빙성이 있는지는 모르겠으나 공기 좋은 곳에서 아무 근심
걱정 없이 산다면 그 또한 불가능한 것도 아닐 것이다. 어찌

되었거나 이런 연유 때문인지 중국에서 강태공은 현재 부귀영화를 대표하는 신이 되어 버린 지 오래되었다. 그래서 중국사람들이 음력 설날 되기 전에 대문이나 벽에 붙이는 연화 속에도 강태공의 형상이 종종 등장한다. 또 강태공의 사당도 여러 곳에 있고 고향인 하남성, 낚시를 했다는 위하의 섬서성 보계, 제나라의 시조가 된 것을 기념하여 산동지역의 여러 곳에 기념관이 있다. 근래에는 산동성의 일조日照가 강태공의 고향이라 하여 강태공 문화원 이라는 기념공원 등이 있어 강태공을 기리는 한편 대대적으로 관광사업을 하고 있다. 중국의 수많은 지역에서 서로가 강태공의 고향이라고 하고 관계가 있다고 하니 도대체 파악하기가 어렵다.

주매신과 그의 아내 최씨

또 다른 이야기는 후한 시대의 역사가 반고班固(32~92년)가 저술한 《한서》의 〈주매신전朱買臣傳〉에 나온다. 한나라 무제 때 주매신과 그의 아내 최씨崔氏에 대한 이야기다.

주매신은 자가 옹자翁子로 오나라 사람이다. 그는 사람됨이 착실하고 돈후한 사람으로 매일같이 힘들게 공부하였지만 운이 따라주지 않았는지 매번 시험에 낙방을 하였다. 그래서 집안은 가난하여 살아갈 길이 막막하였다. 그래서 난가산爛柯山에 가서 나무를 하다 팔아 생계를 유지하였다.

복수난수

말에 탄 주매신이 전처에게
쏟아버린 물을 다시 담아보
라고 하는 내용의 그림

몇년 간 최씨는 남편을 따라 빈곤한
생활을 하였지만 그녀도 인내의 한계에
다달았고 따라서 성깔은 점점 나빠져만
갔다. 그녀는 마음 속으로 이런 한심한
남편을 깔보았으며 말투도 거칠어만 갔
다. 주매신은 유구무언으로 그저 묵묵히
인내할 뿐이었다.

하루는 눈이 펄펄 내리는 추운 날씨에 주매신은 굶주린
채로 아내의 구박으로 나무를 하러 산으로 올라갔다. 그가
나무를 팔아 먹을 것을 사오니 최씨는 기뻐하였다. 그런 아
내에게는 꿍꿍이 속이 있었다. 최씨는 그동안 중매쟁이를
시켜 새 남편을 알아보도록 해놓고는 나무를 해가지고 온
남편에게 이혼장을 쓰도록 강요하였다. 주매신은 아내에게
애절하게 간청하였다.

"내가 50살만 되면 형편이 필 거요, 지금 40이 넘었으니
조금만 참아주시오."

그러나 아내는 설사 장래 주매신이 고관이 되고 자신이
거지가 된다 하더라도 그를 다시는 찾지 않겠다고 하며 고
집을 부렸다. 주매신은 하는 수 없이 이혼장을 써주었고 최
씨는 장씨라는 목수에게 시집을 가버렸다.

오래지 않아 주매신은 지인의 추천으로 회계會稽 태수가

되었다. 회계 관원들은 새로운 태수
가 부임한다는 말을 듣고 백성들을
소집하여 도로 연변에 세워 환영토
록 하였다. 신임 태수의 수레는 백
여 대가 넘었다. 최씨는 이 사실을
알고는 마음이 심란하였다. 목수랑
태수가 어찌 비교나 되겠는가? 태
수 부인이라면 앞으로 부귀영화를
누릴 것이라 생각하고 최씨는 주매

**강태공이 낚시하던
곳이라는 표지**

조복수 조지모 조왕후…
釣福壽 釣智謀 釣王侯…
강태공조어姜太公釣魚 옆에
"복과 수명을 낚고, 지혜와
계책을 낚고, 왕후를 낚
고…"라고 쓰여 있다.

신을 찾아가기로 결심을 하였다. 최씨는 봉두난발에 맨발로
주매신 앞으로 가서 구구절절히 자신을 받아달라고 애걸하
였다. 큰 말을 타고 있던 주매신은 한참을 생각하더니 시종
에게 물 한 동이를 말 앞에 놓게 하고는 최씨에게 말했다.

"그대가 만일 이 물을 바닥에 엎고 다시 동이에 물을 담
을 수 있다면 그럽시다"고 말하였다. 최씨는 이 말을 듣고
는 그들의 연분이 이미 다 하였다는 것을 알고는 몹시 부끄
러워 하고 얼마 후에 목을 매어 자살하였다. 주매신을 소재
로 한 경극도 있고, 영화도 있는가 하면 연속극도 있다. 〈주
매신휴처朱買臣休妻〉라는 경극을 사람들이 좋아하는데 이는
주매신이 아내와 이혼했다는 뜻이다.

한국 속담에도 "엎질러진 물이요, 쏜 화살"이라는 말이

있다. 복수난수는 한 번 벌인 일은 다시 되돌릴 수 없다는 뜻이며 또는 한 번 헤어진 부부나 친구는 다시 결합하기 힘 들다는 의미로도 사용된다.

아홉 마리 소의 터럭 하나
―구우일모

九牛一毛
아무것도 아닌 하찮은 일을 비유한 말

九 : 아홉 **구**
牛 : 소 **우**
一 : 한 **일**
毛 : 털 **모**

구우일모는 "아홉 마리 소 중의 털 한 개"라는 말로 많은 수 중에서 몹시 적은 수를 뜻한다. 사마천의 《보임안서報任安書》에 나온 "설사 내가 복종하여 죽임을 당할지라도 아홉 마리 소에서 한 개의 터럭을 잃는 것과 같으니 땅강아지나 개미의 죽음과 다를 것이 있겠습니까? 라는 말에서 비롯되었다. 즉 아무것도 아닌 하찮은 일을 비유하고 있는데 이와 비슷한 말로는 '창해일속(滄海一粟:바다 속의 좁쌀 한 알)' 이라는 말이 있다.

사마천은 한나라 때의 유명한 사학가이자 문학가이다. 그의 대작 《사기史記》는 중국 고대 위대한 역사산문저서다. 사마천은 '이릉李陵의 화禍'에 연루되어 '궁형宮刑'을 받고는 그 치욕을 짊어진 채 천신만고 끝에 이 위대한 저서를 완성하였다. 사마천이 이릉의 사건에 연루된 전말은 다음과 같다.

사마천이 태사령일 때 한 무제는 이릉을 흉노전쟁에 파견하였다. 처음에는 이릉의 부대가 연전연승을 거두면서 흉노 국경 깊숙이 공격하게 되어 사기가 하늘을 찌를 듯하였다. 황제는 이 소식을 들은 후 몹시 기분이 좋아지자 많은 대신들은 이에 아부하여 황제가 영명하다느니 사람을 잘 알아보고 썼다느니 비위를 맞추었다. 그런데 후에 이릉의 부대가 패하게 되고 결국 이릉은 흉노에 투항하게 되었다. 이리되자 무제는 몹시 심기가 불편하였다. 그러자 이전에 이릉을 칭찬하던 대신들은 또 재빨리 이릉이 무능하고 불충하다고 말을 바꾸었다. 이런 상황에서 사마천만이 이릉을 위하여 황제에게 직언을 하였다.

"폐하, 이릉이 거느린 보병은 5천 명도 못 되는데 적진 깊숙이 들어갔습니다. 8만의 흉노 기병과 10여 일을 싸워 1만여 명을 죽이고 성공을 거두었습니다. 후에 흉노 선우가 전국의 궁수들을 모아 이릉을 포위하니 이릉도 힘이 다하여 어쩔 수 없는 상황 하에서 투항한 것입니다. 더구나 제가 보기에 이릉은 진정으로 투항한 것이 아니고 부득이한 것 같습니다. 아마도 이릉은 기회를 보아 국가에 충성할 때를 기다릴 것입니다. 폐하, 청건대 이릉의 공적을 생각하시어 그의 가족을 죽이지 마옵소서."

한 무제는 이를 듣고 더욱 화가 나서 반역자 이릉을 변호하며 황제를 능멸하였다는 죄명을 내려 곧바로 사마천을 감옥에 가두고 당시로서는 가장 참혹하고 치욕적인 궁형을 가하도록 하였다.

한성시 당가촌 문물관리소

사실 사마천과 이릉은 비록 같은 조정의 관리였으나 평소에 그리 깊은 교제는 없었다. 그러나 사마천은 이릉이 절개가 있는 사람으로 국가가 위급할 때 적진까지 들어간 것은 몹시 가상한 일이라고 생각하였다. 그래서 자신의 뒷일은 생각지도 않고 그를 변호하다가 본인은 치욕스러운 처벌을 받게 된 것이다.

사마천은 궁형을 받고 감옥에서 나온 후 중서령이라는 직책을 담당하게 되었다. 그는 신체적으로나 정신적으로 모두 심각한 타격을 받고 극도의 고민에 빠지게 되었다. 또한 이 치욕스러운 생을 지탱할 엄두도 나지 않았다. 그는 친구인 임안任安에게 자신의 심정을 토로하면서 자신이 어떻게 이 삶을 살아갈지 막막함을 편지에 썼는데 그것이 바로 유명한 〈보임안서報任安書〉라는 명문이다. 임안의 자는 소경少卿이므로 그래서 또 〈보임소경서〉라고도 한다.

　필자는 유학시 수업시간에 이 문장을 외운 적이 있다. 그 수업은 '역대산문선'이라는 과목이었는데 유학생들은 학점은 없지만 필수로 들어야 하는 학부과목 중 네 과목 가운데 하나였다. 그런데 공교롭게도 수많은 교수 중에서 필자가 선택한 교수님의 수업방식은 큰소리로 외우기(背書)와 외워쓰기(默寫)를 중시하였다. 그래서 매주 중국의 유명한 고전 문장을 한 편씩 외워야 하는데 그것이 보통 고역이 아니었다. '역대산문선' 수업은 토요일 아침 8시부터 10시까지였는데 그 수업 때문에 1주일 내내 괴로웠다. 더구나 수업시간에 선생님이 무작위로 호명을 하면 학생들은 일어나서 선생님이 한 구절을 읊으면 그 다음을 이어 외워야 하는 식이었다. 차라리 처음부터 끝까지 외우라고 하면 정신을 잘 가다듬고 외우련만 갑자기 그 긴 문장 중에서 한 구절을 뽑은 후 그 뒤를 이어서 외우는 것은 유학생으로서는 여간 고역이 아니었다. 고문이라 발음도 어려운데 그것을 큰소리로 외우라고 하다니… 그러나 중국학생들은 너무나 천연덕스럽게 잘들 외워댔다. 그것도 학부생들이니 소위 대학원생인 내가 못하면 더욱 체면이 말이 아니다. 그래서 정말 죽기 살기로 외우곤 했었다. 그때 1년 내내 외운 것을 지금까지 간직하고 있으면 좋으련만……지금은 모두 다 선생님께 되돌려 드렸다.

당시의 생각이 나서 그때 배운 책을 꺼
내보니 기억이 새롭다. 지금 다 외우고
있지는 못하지만 그때 이 문장을 외우면
서 받았던 느낌은 그대로 되살아나며 교
수가 사마천이 얼마나 위대한 인물인지
를 열강하던 기억도 새롭다. 이 문장에는
우리가 새겨야할 명구들도 많이 들어있다.

비문
사마천 사당내에 있는 사마
천을 기리는 각종의 비문

사마천은 궁형을 당한 후 본래 죽어버리려고 생각했지만
냉정을 되찾고는 만일 자신이 정말 죽는다면 자신의 억울함
을 씻기는커녕 권력자들의 눈으로 볼 때 구우일모와 같으며
한 마리 땅강아지나 개미의 죽음과 무엇이 다를까하고 생각
하게 되었다. 더구나 자신은 《사기》를 완성해야 할 의무가
있지 않은가? 그러면서 자신처럼 불우한
처지에 놓였던 사람들이 역사에 길이 남
을 저서를 지었던 예를 들고 있다. 즉 문
왕은 갇힌 몸이 되어 《주역》을 연역하였
고, 공자 역시 곤란한 처지를 당한 후에
《춘추》를 지었으며, 굴원屈原은 조정에서
쫓겨난 후에 《이소》를 섰고, 좌구명左丘明
은 실명한 뒤에 《국어》를 지었으며, 손자

**사마천 사당 옆의 걷고
싶은 길**

▲ 호구폭포
▼ 호구폭포에서 말태워주는
아저씨와 말

孫子는 두 발이 잘린 후에 《병법》을 편찬하였다. 이런 사람들은 모두 가슴 속에 맺힌 바가 있어 서술하여 후세의 사람들이 자신의 뜻을 알아주기를 바랐다고 적고 있다. 좌구명과 같이 눈이 없고 손자처럼 발이 잘린 사람은 세상에서는 아무런 소용이 없지만 홀로 저술활동을 하여 자신의 억울한 생각을 펴고 이론적인 문장으로 자신의 이름을 세상에 남겼음을 상기하였다. 그러면서 자신이 치욕을 무릅쓰고 살아남아서 《사기》를 씨아 할 당위성을 친구에게 토로하고 있다.

이 문장 속의 "사람이란 본디 한 번 죽을 뿐이지만 어떤 죽음은 태산보다 무겁기도 하고 어떤 죽음은 터럭만큼이나 가볍기도 하니 그것을 사용하는 방법이 다른 까닭이다(人固有一死, 死有重於泰山, 或輕於鴻毛 用之所趨異也)"라는 말이나 "선비는 자신을 알아주는 사람을 위하여 행동하고 여자는 자기를 기쁘게 해주는 사람을 위하여 화장하는 것이다.(士爲知己用, 女爲說己容)"라는 명구는 아직도 많은 사람들이 사랑하는 문장이다.

이처럼 역사 속에서 중국사람들은 치욕을 인내하고 살면서 자신이 원했던 바를 이루려 노력했다. 근자에 한국에서 많은 분들이 자살로 인생을 마감하고 있다. 그런지 2007년도 통계에는 한국 사망자가 10만 명 당 24.8명으로 나와 있고 OECD 발표에도 한국 사망률이 3위라고 한다. 자살했다는 뉴스를 접하면서 오죽했으면…하는 생각도 들지만 궁형을 당했던 사마천, 다리를 잘렸던 손자를 한번 떠올리며 인내했으면 한다. 나의 죽음을 태산처럼 무겁게 할 것인지, 터럭처럼 가볍게 할 것인지 사마천의 말을 오래도록 음미하게 된다.

"강한 자가 살아 남는 것이 아니고, 살아남아 있는 자가 강한 자"라는 영화 〈황산벌〉 속의 대사가 절절히 가슴에 남는다.

황하에서 날아오르는 용을 그리며
—등용문

登龍門

용문에 오른다는 뜻으로, 입신출세의 관문을 일컫는 말.

登 : 오를 등
龍 : 용 용
門 : 문 문

"용문龍門에 오른다"는 뜻인 등용문은 입신출세의 관문을 일컫는다. 그래서 영달을 비유하거나 주요한 시험의 비유로 쓰이며 모두들 등용문이라는 말을 좋아한다. 이런 까닭인지 대입학원의 상호나 서적 등의 제목으로도 종종 사용된다. 용문은 황하 중류의 섬서성과 산서성의 경계에 있는 협곡의 이름인데 이곳을 흐르는 여울이 몹시 세차고 빨라서 황하의 잉어라도 이곳을 거슬러 올라가지 못한다고 한다. 그러나 일단 이곳만 오르면 용이 된다는 전설이 있다.

이백은 "황하는 서쪽의 곤륜에서 나와, 만리를 포효하면서 용문과 만난다"라고 황하 용문의 도도한 흐름에 관한 정경을 천고의 절창으로 남기고 있다. 마치 커다란 주전자에서 쏟아져나오는 것과 같다고 하여 이름붙여진 호구폭포壺

口瀑布에서 지천도구芝川渡口까지가 황하 유역 중에서 가장 웅장하고 기암절벽으로 각양각색의 모습을 드러내는데 용문은 바로 그 중심에 있다.

등용문의 전설

용문에는 여러 가지 전설이 있는데 그중에서도 유명한 것은 하의 우왕禹王이 황하의 물을 끌어들이기 위해 산을 뚫어서로 통하게 하였다는 전설과 "잉어가 용문을 뛰어넘었다"는 등용문 전설이 가장 유명하다.

전설에 의하면 대우大禹가 용문을 개척한 후에 금룡을 택하여 용문을 수호하도록 하였다고 한다. 대우는 "물고기와 용은 본래 한 종류에서 나온 것이니 용문을 뛰어넘으면 용이 된다"고 하였다. 이 말을 들은 동해의 잉어들이 무리지어서 용문을 뛰어넘으려고 서로 경쟁하면서 용문을 향하여 왔다. 천신만고 끝에 용문에 다다른 잉어들은 용문의 양쪽에 있는 굵은 백옥석 기둥에 새겨져 있는 살아있는 듯한 석룡을 바라보게 되었다. 용의 몸은 옥기둥을 휘감고 하늘로 향하고 있었는데 그 길이가 백장이 넘었다.

용문에 다다른 잉어들은 서로 다투어 오르려고 하였지만 백장 높이의 용문을 넘을 수는 없었다. 후에 우왕의 계시를 받은 한 마리의 등이 금빛인 잉어가 용기를 내어 다른 잉어들에게 자신의 등을 내주며 그를 밟고 공중으로 뛰어 오르게 하였다. 마침 바람이 불어 한 잉어가 등을 밟고 뛰어 오르자 나머지 잉어들도 금빛 잉어의 등을 밟고서 연이어 용문을 오르게 되었다. 등을 내주었던 잉어는 거대한 바위에서 소용돌이치는 물결에 의해 공중으로 날아올라갔다가 천천히 용문 위에 떨어졌다. 대우는 즉시 이 금빛잉어의 머리 위에 붉은 색을 칠하니 이 잉어는 곧 황금잉어로 변하였고, 이때부터 용문을 수호하게 되었다고 한다.

황하 지역에서는 잉어요리가 아주 유명하다. 그런데도 불구하고 황하의 어부들은 오늘날에도 머리에 붉은 색을 띤 잉어를 잡으면 그 잉어는 다시 물 속에 놓아준다. 수호신이라고 믿기 때문이다. 과거시험에 합격하면 그 이름 위에 붉은 점을 찍는데 이것 역시 여기에서 유래한 것이다.

이와는 다른 이야기지만 중국사람들은 물고기를 좋아한다. 그래서 신년카드에도, 또는 결혼 청첩장 같은데서도 물고기 그림이 종종 등장하며, 장신구에서도 물고기를 많이 사용한다. 물고기 어魚(yu)자가 여유롭다는 여餘(yu)자와 발음이 같기 때문이다. 그중에서도 잉어는 대단히 길함을 나타내는 물고기이다. 중국어로 잉어는

어린이가 잉어를 안고있는
새해카드 그림

liyu〔鯉魚〕라고 하는데 잉어 이鯉〔li〕자는 이롭다는 뜻인 이利〔li〕자와 발음이 같으니 본래도 좋아하는 魚〔餘〕에 이롭다〔利〕는 발음과 같은 鯉자가 있으니 더욱 좋아하는 것은 당연하다. 그래서 잔치집에서는 반드시 잉어요리가 있어야 하고, 사업같은 것을 하는 경우에도 잉어가 등장하게 된다. 우리나라에서도 집안에 거는 잉어그림은 바로 이처럼 넉넉하게 여유있게 살라는 의미가 있다.

등용문은 또 명망이 높은 것을 뜻하기도 한다.《후한서後漢書・이응전李應傳》에 보면 "선비로서 그와 친한 자를 등용문이라고 한다"는 기록이 있다. 이응은 후한 환제桓帝 때의 청렴결백한 관리로 하남윤河南尹으로 승진했을 때 환관의 미움을 받아 투옥당했었다. 그러나 그 후에 사예교위司隸校尉가 되어 간악한 환관세력과 맞서게 되었고 그의 명성은 나날이 올라갔다. 관직에 뜻을 둔 젊은이들은 그를 경모하여 "천하의 본보기는 이응"이라 평했으며 신진관료들도 그의 추천을 받는 것을 최고의 명예로 알았고 이의 추천을 받는 것을 '등용문'이라 하였다.

등용문에 반대되는 말은 점액點額이라 한다. 점點은 동사로 사용되며 '상처를 입는다'는 뜻이고 액額은 이마로 용문에 오르려고 급류에 도전하다 바위에 이마를 부딪혀 상처를 입고 만신창이가 되어 하류로 떠내려가는 물고기를 말한다.

당가촌 홍보글
"당가촌은 동방인류 고대
전통 민가촌의 활화석이
다"라고 쓰여 있다.

당가촌 마을 풍경

대문 앞에 있는 말매는 돌

당가촌黨賈村

한성漢城의 사마천 사당에 가기 전에 당가촌이라는 마을이 있다. 중국의 전통적인 가옥의 형태를 잘 갖추고 있어 고대 중국마을 형태의 활화석이라고도 할 만하다. 이곳은 민가의 전형적인 사합원이 1백여 채 있어 '소한성小韓城'이라고 부르기도 한다. 당가촌은 당黨씨와 가賈씨의 집성촌으로 섬서성의 '역사문화보호촌'으로 지정되어 있다. 당가촌이 세상에 널리 알려지게 된 것은 1991년에 일본인 아오키 마사오〔靑木正夫〕교수가 쓴 《당가촌》에 의해서다. 그 후 지금과 같은 지명도가 생겼다.

마을에 들어서면 오래된 천태만상의 높은 누각과 대문, 온갖 정성을 들인 노룻돌 (옛날, 존귀하고 높은 사람 집 문 앞에 두고 말을 탈 때 발판으로 삼던 돌), 문앞에 말매는 돌이 각종 형태로 서 있다. 또한 문성각, 절효비는 이 작은 당가촌의 역사를 말해주고 있다. 문성각 풍수탑은 1725년에 세워졌으며 전체 6층의 6각형 탑으로 높이는 37.5cm다. 또한 보살사당과 관제사당이 있어 중국인의 풍속을 엿볼 수가 있다. 좁은 골목길을 걷다보

면 집집마다 아름답게 장식된 조각과 벽화를 보면서 자연스럽게 중국인의 전통과 심성을 살펴볼 수 있어 살아있는 교과서 같기도 하다.

벽에는 상서로운 글이나 그림으로 장식하였는데 이런 벽을 중국에서는 조장照牆 혹은 조벽照壁이라고 한다. 또한 집집마다 서로 다른 문둔테(문짝의 회전축을 떠받치는 구멍이 뚫린 나무나 돌)가 있어 하나 하나 살펴보는 재미는 관광객들을 즐겁게 한다. 사자모양의 문둔테, 북모양 문둔테, 사자와 북이 결합된 문둔테가 있고,

▲충후라고 쓰여있는 대문 문 기둥의 대련 글씨는 찢기어진 채 있어 이 집안의 역사를 보는 듯하다.

▼자희태후가 내렸다는 복福 자를 담장에 새겨넣었다

처마와 기둥 위에도 모두 상서로움을 나타내는 문양들이 조각되어 있다. 집집마다 대문 위에 걸린 편액에는 '안락거安樂居' '충후忠厚' '등과登科' '태사제太史弟' 같은 글씨가 쓰여있다. 모두 집안의 평안함과 충성, 그 집안의 내력 등을 나타내고 있는가 하면 가훈을 아예 벽에 새겨넣어 자손들을 교육하고 있다. 이 당가촌의 문화만 제대로 알아도 중국 문화를 다 알 수 있을 정도의 문화 축소판이다. 시간만 허락되면 하나 하나 그 의미를 찾으며 사진도 찍고 사람들과도 사귀고 싶었지만 훗날을 기약하며 시간 관계상 총총히 떠날 수 밖에 없었다.

상서로움을 나타내는 벽화

한성 사마천 사당의 편액들
▲사필소세
▼한태사 사마사

사마천 사당에 올라서

용문 지역에는 예로부터 선비들이 많았는데 가장 대표적인 사람 중의 하나는 사마천이라고 할 수 있으며 용문의 시행정지인 한성시에는 사마천의 사당이 있다. 그래서 사마천의 역서 《사기》를 '용문사龍門史'라고도 한다.

오래전부터 가고 싶었던 사마천의 사당을 가게 되었다. 사마천의 사당은 한성시 남쪽으로 10km 지점에 있는 지천진芝川鎭의 한혁파韓奕坡 절벽 위에 위치하고 있는데 서진西晉 시대에(310년)에 처음 세워졌다.

사당 꼭대기에 올라서면 동쪽으로는 황하, 서쪽으로는 양산梁山, 남쪽으로는 옛 위장성魏長成, 서쪽으로는 지수芝水가 보인다. 산과 물로 둘러싸인 경치가 장관이다. 그런데 지금은 황하를 가로지르는 긴 다리가 놓여있어 그 장관을 훼손시켜 몹시 마음이 언짢았다.

비탈아래 동북쪽으로 청대에 중건된 패방牌坊이 있는데 "한태사사마사漢太史司馬祠"라는 여섯 글자가 적혀 있다. 여기서부터 비탈길을 따라가면 태공묘를 거쳐 갈림길에 이르게 되고 비탈 남쪽으로 원대 건축인 우왕묘禹王廟, 창요사彰耀寺, 삼성묘三聖廟 등이 있다. 갈림길에서 위로 가면 패방이

또 있는데 원명대 건축물로 '고산앙지高山仰
止'라는 네 글자가 쓰여있다. 이것은 사마천
의 덕이 산처럼 높아서 세상 사람들이 우러
른다는 의미이다. 또한 패방에 적혀 있는
'하산지양河山之陽'이라는 네 글자는 〈태사
공자서太史公自序〉에 기록된 사마천이 황하
가의 산 남쪽에서 밭갈고 소를 쳤다는 데서
나온 것이다. 99계단을 올라가면 사당이 나
오는데 입구의 편액에는 '태사사太史祠'라
고 적혀 있다. 제사지낼 때 제기를 진열해
놓는 헌전 뒤에 침궁이 있다. 침궁 안에는
긴 수염을 가진 사마천의 좌상이 있다. 침
궁은 북송北宋 선화 7년(1125)에 세워졌다고
한다. 사당 안에는 각 시대의 명사들이 읊
은 시문을 적은 비석들이 즐비하게 서 있다.

한성 사마천 사당의 편액들
▲고산앙지
▼하산지양

　사당 뒤로 사마천의 무덤이 있다. 서진 시대 이후로 네 차
례의 보수가 있었다고 한다. 무덤은 벽돌을 쌓아 만들어진
둥근 형태로 높이는 2.15미터에 둘레는 13.19미터이다. 무
덤 벽 주위로는 팔괘와 꽃문양이 새겨져 있으며 무덤 꼭대
기에는 가지가 다섯 갈래로 난 측백나무 한 그루가 심어져
있다. 무덤 앞 석비에는 '한태사사마공묘漢太史司馬公墓'라는

▲측백나무 세 그루가 있는
사마천 무덤

▼사마천 묘장식

글씨가 있는데 이는 청 건륭 연간에 섬서성 순무巡撫였던 대학자 필원畢沅이 쓴 것이다.

사당을 나오면 그 옆에 정사각형의 커다란 돌이 깔린 돌길이 있는데 송나라 때에 수도로 직행할 수 있었던 대로였다고 한다. 아직도 돌길은 오랜 세월의 역사를 간직한 채 그대로 있었다.

여러 차례 중국의 유적을 답사하면서 가장 가고 싶었고 인상에 남는 곳이 바로 이 한성의 사마천 사당이다. 그의 무덤 앞에 서니 가없는 존경심과 함께 뭔가 죄지은 느낌을 털어버릴 수가 없었다. 《사기》에 저작권법이 적용된다면 사마천은 엄청난 부자가 되었을 거라는 농담을 일행들과 하면서 그의 불운한 생애를 생각할 때 아픈 마음을 누를 길 없었다. 늘 공부하면서, 글을 쓰면서 《사기》를 가장 많이 인용하는 저자에게 사마천의 사당 참배는 참으로 의미 깊은 답사였다. 등용문에 관하여 쓰는 지금, 사마천의 학문에 대한 열정과 역사관을 배우고자 다시 한 번 옷깃을 여미었던 지난 여름을 생각하며 사마천사당을 그리워한다. 오래도록 머물고 싶던 곳이었다.

풀을 묶어 은혜를 갚으니
─ 결초보은

結草報恩

은혜가 사무쳐 죽어서도 잊지 않고 갚는다는 뜻.

結 : 맺을 **결**
草 : 풀 **초**
報 : 갚을 **보**
恩 : 은혜 **은**

　　춘추시대 진晉나라에 위무자魏武子라는 대부가 있었다. 그에게는 몹시 사랑하는 나이어린 아름다운 애첩이 있었다. 위무자는 점차 나이가 들어 병이 들자 자신이 얼마 못살게 되었음을 알고는 아들 위과魏顆를 불러 그의 어린 첩의 장래를 부탁하였다.

　　"얘야, 내가 죽은 후에 저 사람에게 적당한 사람을 찾아 재가하도록 하거라, 저 사람의 청춘을 헛되게 하지 말아라."

　　후에 위무자의 병세는 나날이 악화되어서 혼미상태에 빠지게 되었다. 혼미한 가운데 또 아들에게 유언을 하였다.

　　"내가 죽게 되면 저 사람에게 자살하도록 하여 나와 함께 묻어다오. 나는 저 사람과 한시도 떨어져서는 살 수가 없구나.

　　아버지가 돌아가시자 위과는 아버지가 두 번 부탁한 말

속에서 당연히 정신이 있을 때 한 말을 따라야 될 것이라고 생각하여 그의 부친의 어린 첩을 다른 사람에게 시집보냈다.

후에 위과는 보씨輔氏의 전투에서 진秦나라 장군 두회杜回와 전투를 벌이게 되었는데 위과가 힘이 다하여 두회에게 붙잡히려고 하는 찰나 갑자기 한 노인이 풀줄기를 묶으며 죽어라하고 두회의 앞길을 가로막고 있었다. 그러자 두회의 전마는 그 묶어놓은 풀에 걸려 넘어지고 위과는 이러는 사이에 무사히 이 위기를 넘길 수가 있었다. 그날 밤 위과는 꿈을 꾸었는데 수염이 하얀 노인이 나타나서 말하였다.

"나는 자네가 개가시켜준 사람의 아버지라네. 자네는 아버지가 정신이 있을 때 한 유언을 따라서 우리 딸을 개가시켜 주었지. 자네가 우리 딸을 순장시키지 않은 것에 감격하여 오늘 특별히 풀을 묶어 자네의 은혜에 보답하였다네."

이것이 바로 '결초結草', 즉 풀을 묶어서 은혜에 보답했다는 '결초보은'의 이야기다. 보씨는 현재 관중 평원 지역인 섬서성 위남시渭南市 대려현 지역이다. 이곳은 황하, 낙하, 위하가 집결하는 장소로 예로부터 교통의 중심지였다. 황하 너머 산서성 영제시와 마주하고 있다.

중국의 순장제도

결초보은의 이야기로 볼 때 중국에서 순장제도는 역사가 오래되고 그 당시에는 보편적이었음을 알 수 있다. 중국에서 여성을 압박한 잔인한 제도는 이 순장제도와 전족일 것이다. 중국 군왕의 순장제도는 현재의 관점으로 볼 때 가장 참혹하고도 비인도적인 행위다. 은허殷墟 박물원의 그 수많은 순장 당한 노예들의 백골을 보고 있노라면 세상사가 참으로 헛되고 헛되다는 생각이 든다.

중국의 순장제도는 은나라와 주나라 때 가장 성행하였으며 얼마간 잠잠하다가 명대 궁궐에서 다시 부흥하였다. 은주 시기의 사람 순장은 몇 백에 이르렀으며 죽은 왕을 시중하던 여성들만이 아니라 젊은 남자도 순장을 당하였다. 기원전 678년, 진무공秦武公이 죽었을 때 순장자는 66명이었으며, 기원전 621년, 진목공秦穆公이 죽었을 때 순장자는 177명이나 되었는데 그 명단자 중에는 충신이었던 엄식奄息 · 중행仲行 · 침호針虎 같은 신하도 끼어 있었다. 이처럼 산 사람을 죽여 순장하는 풍습에 대해서 의견이 분분하였다. 그래서 진나라 백성들이 이들을 위해 슬퍼했다는 기록이 〈황조黃鳥〉시에 나와 있다. 또한 《맹자 · 양혜왕상》에서도 공자가 "처음으로 용俑(무덤 속에 집어넣는 사람을 닮은 인형)을 만든 지는 후대가 없을지로다"라고 한 말을 소개하고 있다.

그래서 현재 '시작용자'라는 말은 나쁜 선례를 만든 사람을 일컫게 되었으며 후대가 없으리라는 저주를 포함하고 있다.

주周 고왕考王 8년(B.C. 433), 증후을曾侯乙이 세상을 떠났다. 이 증후을 묘가 1978년 호북성 수주시隨州市 수현隨縣 뇌고 돈擂鼓墩에서 발견되었다. 묘지 안에는 여러 종류의 수장품이 있었는데 대부분 '증후을'이라는 명문이 새겨져 있었다. 증후을묘에서 출토된 유물은 매우 다양한데 청동으로 만든 예기禮器 · 악기 · 병기 · 용기 · 마차기를 비롯하여 금기 · 옥기 및 칠기 등 모두 1만여 점이 넘는다. 발굴된 청동기의 종류는 매우 다양하고 형태는 아름다우면서도 웅장하며 총 무게는 10톤에 이른다. 출토된 5,012건의 초나라 칠기품과

증후을 편종

호북성 수주시에서 출토된 증후을의 부장품이다. 한 개의 박종鎛鐘, 45개의 용종甬鐘과 19개의 뉴종鈕鐘으로 구성되었으며 곡척형으로 종을 걸 수 있는 걸대가 3층으로 되어 있다.모든 종에는 각각 음의 명칭이 표시되어 있는데 두 개의 음까지 낼 수 있는 것도 있으며 12개의 반음을 모두 낼 수 있다.

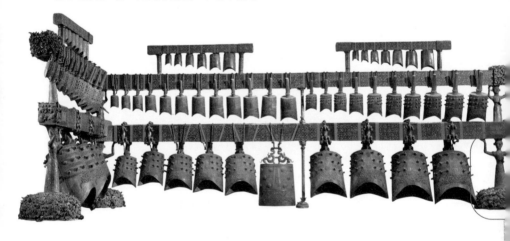

4,500여 건의 병기는 모두 중요한 역사적 가치를 구비하고 있다. 또한 수장된 악기들의 종류로 보아 증후을이 생전에 얼마나 음악을 좋아한 사람이었음을 알 수 있다. 출토된 수많은 악기 중에서도 아주 특별한 것이 증후을 편종이다. 그런데 놀라운 일은 악기와 함께 순장된 젊은 여성 21명이 있었다. 아마도 이들은 노래를 부르던 가녀들이 아니었을까 추측된다. 이 21명의 여성들은 죽어서까지 자신의 주인을 위해 음악을 연주하고 노래를 불러주기 위하여 죽어야 했던 것이다. 이 여성들은 이처럼 악기나 청동기처럼 그저 물건과 같은 존재였을 뿐이다.

진시황이 죽었을 때도 그의 아들 진 이세는 후궁 중에서 자식이 없는 자는 모두 순장하도록 명령을 하였다.

한나라 이후에는 사람을 죽여 순장하는 제도는 많지 않았다. 일반적으로 황제는 유서에 자식이 없는 비빈들을 출궁하여 살도록 하였다. 그러나 개인적으로 죽은 왕을 따라 죽기를 희망하는 사람도 있기는 하였다. 당 무종武宗의 병이 위중할 때 왕재인王才人은 병석에 누운 무종을 시중하였다. 무종은 오래도록 그녀를 바라보다가 "내가 이렇게 숨이 붙어있는 것은 네가 너무 애를 썼기 때문이다. 그러나 이제

증후을 편종 아래의 동인銅人 받침대
인물이 사실적이고 눈매가 또렷하며 자태가 위엄있다. 그리스나 로마 청동기의 해부학적인 면은 찾아볼 수 없지만 개성표현에 치중하고 있다. 후세 진용秦俑의 선구를 이루었다.

명13릉 - 세계문화유산

는 너와 인사말을 해야 되겠구나"하니 왕재인은 "폐하의 큰 복이 아직 다하지 않았는데 어찌 그런 말을 하십니까?"고 말하고 "폐하께서 만세를 다 누리신 후에 소첩도 함께 묻힐 것입니다"고 하자 무종은 아무 말이 없었다. 왕재인은 무종이 숨을 거두기 전에 휘장 안으로 들어가 자진하였다. 이 일은 궁중에서 칭송을 받았으며 그녀를 질투하던 비빈들까지도 이에 감동하였다고 한다. 그러나 역사서가 남성의 손에서 쓰여졌기 때문에 감동까지는 몰라도 칭송을 하였을지는 필자로서는 의문이 간다.

《송사宋史》에도 비빈들의 순장에 관하여 적고 있는데 은근히 모두 스스로 자진한 것으로 기록되어 있다. 송 고종이 총애하던 재인 중에 오씨, 한씨, 이씨, 왕씨 등이 있었는데 그중 이씨와 왕씨의 용모가 출중하였다. 고종이 태상황이 된 후에도 여전히 이 두 사람을 총애하였다. 태상황이 붕어하자 황태후는 이 두 여자를 볼 때마다 분을 삭이지 못하였다. 효종이 이런 사정을 알고는 명목상으로는 이 여자들에게 선택의 길을 주었지만 실인즉 이들을 위협하여 자살토록 하여 고종과 함께 순장하였다.

명 태조 주원장의 순장제도 부활

하층민의 지지를 받고 황제의 자리에 등극한 명태조 주원장은 대담하게도 이 순장제도를 부활시킨 사람이다. 남경의 효릉 지하에는 주원장을 모시다가 죽은 비빈들이 40명에 달하는데 그 중에는 두 사람만이 황제의 병고 전에 죽은 사람이고 나머지 38명은 모두 죽여서 순장을 하였다.

이밖에도 명나라의 황제들은 사람 순장을 하였다. 우리가 북경에 가면 으레껏 가보는 명 13릉에도 순장된 수많은 여성들이 있다. 명 13릉을 관람하는 사람들 중에서 과연 얼마나 많은 사람들이 그녀들의 피끓는 통곡소리를 들을 수 있을까?

일반인에게 개방이 된 명 성조의 장릉에는 16명의 비妃가 순장되어 있다. 아직은 미개방인 인종의 헌릉獻陵에는 5명의 비가, 선종의 경릉景陵에는 10명의 비를 순장하였다고 한다.

순장되는 비빈들은 궁중에서 목을 매달아 죽으면 입관을 거쳐 장사지내었다. 기록에 의하면 순장자는 궁중에서 밥을 배부르게 먹은 후에 대청에 들어간다. 대청 안에는 이미 죽을 도구가 준비되어 있다. 목을 매야하는 여성들의 비참한 통곡소리가 궁전을 뒤흔든다. 그러나 어찌할 방법이 없다. 환관들은 그녀들을 작은 나무 의자에 오르도록 한 후 목맬 끈에 머리를 넣으라고 재촉을 한 후 나무의자를 밀어버린

명 인종의 헌릉입구

다. 비빈들은 목을 길게 빼고 몸부림치다가 결국은 숨을 거둔다. 이렇게 타의에 의한 자살을 강요하여 순장하였다.

명대의 순장 제도는 5대를 거쳐 계속되다가 명 영종英宗에 이르러 중단되었고 그 후에는 다시 실행되지 않았다. 영종은 임종 시에 구두로 네 가지 유언을 하였는데 태감이 그 유언을 받아썼다. 그 중에 두 번째 항목이 "비빈을 순장하지 말 것"이었다. 영종의 치세는 그다지 볼 것이 없지만 죽음에 이르러 오로지 이 한 가지 일만은 아주 잘 한 일이다.

청나라도 순장의 풍속이 있었다. 누르하치와 세조 등은 모두 순장자가 있었는데 비빈이나 시종 무관이었다. 귀족들역시 첩이나 노복을 순장하였다. 강희 황제 시에 귀족들에게 순장하는 제도를 금지하는 명령을 내렸고 청 황실에서 솔선수범하여 순장을 폐지하였으며 강희 황제 때부터는 사람을 순장하는 제도는 다시 실행되지 않았다.

중국 최후의 황제라고 말하는 홍헌洪憲 황제 원세개가 임종에 가까워서는 손수 애첩을 죽였다. 이는 순장제도가 다시 살아날 뻔한 사건이었지만 다행히 원세개의 왕조는 짧았기 때문에 이 비참한 순장제도는 다시는 일어나지 않았다.

산서성과
관련된 고사성어

산서성

—8대 문화 상품이 있는 곳

산서山西는 태행산太行山의 서쪽, 황하의 동쪽에 있다. 산서라는 이름은 바로 태행산의 서쪽에 있기 때문에 붙여진 이름이며 태행산의 동쪽은 산동성이다. 산서성의 대부분은 춘추시대에 진晉나라에 속하였기 때문에 아직도 약칭으로 '진'이라고 한다. 그래서 산서성 소속 자동차의 번호 앞에는 모두 '진晉'이 쓰여 있다. 전국시대에는 진나라가 한나라·조나라·위나라로 나뉘어졌기 때문에 '삼진三晉'이라는 명칭도 있다.

산서성은 산맥이 많아 구릉의 기복이 심하며 험준한 산이 많다. 오대산의 주봉인 엽두봉은 해발 3,058미터나 된다. 또한 크고 작은 강도 1천여 개나 흐른다. 황하는 진섬晉陝 협곡을 흐르고 있다. 주요도시로는 태원·대동·삭주·진중·임분·운성·진성 등이 있으며 성도는 태원太原이다.

산서는 인문자원이 풍부한 곳으로 8대 브랜드로 나누어 설명하고 있다. 즉 중화민족의 근원, 황하의 혼, 불교성지, 진상晉商의 고향, 변경지역의 풍정, 관우의 고향, 고건축의 보고, 태행산의 신비를 말한다.

중화민족의 근원이라고 하는 것은 산서성의 역사가 그만큼 깊다는 뜻이다. 정촌인丁村人 유적지, 도사陶寺 유적지는 이를 뒷받침해준다. 후마시侯馬市의 진성晉城 유적지는 춘추시대 패주였던 진晉나라 도성의 면모를 보여준다.

산서는 대표적인 황하
문화가 있는 지역으로 가
까이 있는 호구폭포를 비
롯하여 볼거리가 많고 황
하가를 의지하여 많은 사
람들이 살고 있다.

불교성지라고 하면 대
동大同의 운강석굴을 비롯
하여 현공사, 숭복사 및
사찰, 석굴 비석 벽화 등
의 유적들이 산재해 있다.
진상의 고향이라고 하면
교가대가, 왕가대가, 조가
대가, 공상희 고택 등 중
국을 대표하는 산서출신
의 거상들의 고택이 보존

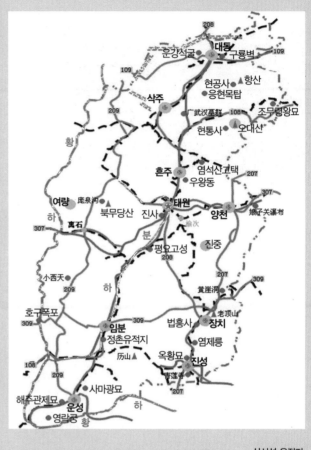

산서성 유적지

되어 있기 때문이다. 특히 기현祁縣의 교가대원喬家大院은 우리에게도 낯익은 배우
궁리鞏麗가 주연했던 《홍등》의 배경이었다. 또한 2006년 2월 동명의 교가대원 연속
극이 중앙 TV에서 크게 히트한 후 이곳을 찾는 국내외의 관광객들이 급증하고 있
다. 총 45회 연속극으로 교가대원에 살았던 실제 인물을 주인공으로 하여 그 집안

교가대원

의 파란만장한 역사 속에 중국 민간 예술과 풍속 등 볼거리를 삽입하여 흥미진진하면서도 중국을 이해하는 데 좋은 자료가 된다. 특히 첫회에 작은 에피소드로 나왔던 그림자 연극인 '잉시﹝影戲﹞'는 중국인들, 특히 이 산서지역의 사람들이 얼마나 연극을 좋아하는지를 엿볼 수 있는 대목이다. 민간인의 저택이지만 우리의 상상을 넘을 정도의 대규모다. 성채라고해도 될 듯한 규모다.

전체 면적 1만 642제곱미터라니 쉽게 평당으로 치면 3천 200여 평이 넘는다. 그 위에 건평 4천 175제곱미터에 모두 6개의 큰 건물채와 20개의 작은 건물채에 313개의 방이 있다. 여기서 건물채라고 말한 것은 네모난 중국식의 사합원 형태로 일반적으로 가운데에 정원이 있고 사방 주위에 모두 건물이 있기 때문에 이런 표현을 사용하였다. 그러나 크기로 따지면 왕가대원을 따를 수 없을 것이다. 전체면적 25만 제곱미터라고 하니 그 규모의 어마어마함을 알 수 있다. 그래서인지 "산서의 자금성"이라고 한다. 현재 '중국민거예술관' '중화왕씨박물관'으로 개방한 건물 면적만도 4만 5천 제곱미터라니 중국은 정말 큰 나라며 개인의 스케일이 우리와는 비교도 안 되는 것 같다.

변경지방의 풍정이라고 하면 산서성의 북쪽은 바로 내몽골과 접해 있기 때문에 또 다른 풍취를 느낄 수 있다.

관우의 고향은 바로 해주를 말하는데 이곳에 관우의 의관총인 '관제묘'가 아주 유명하다. 본서의 '단도부회'에서 자세히 언급할 것이다.

고건축의 보고라 하면 현재 중국에서 가장 잘 보존되어 있는 송금 이전의 고건축물 중 70% 이상이 산서지역에 남아있기 때문이다. 진사晉祠, 예성芮城의 영락궁 벽화, 영제의 보구사와 앵앵탑, 평요고성 등은 고건축을 연구하는 사람들이 자주 찾는 곳이다.

태원의 진사는 중국 고대 제사의 건축, 조각, 정원, 벽화, 비석 예술 등이 총집합된 곳이다. 그래서 "진사에 가보지 않으면 태원은 헛 간 것이다"라는 말이 있다. 이는 마치 북경에 가서 자금성을 보지 않는 것과 같다고 할 수 있다. 진사는 진수晉水의 발원지에 있다. 진사 내에는 당태종이 썼다는 '어비御碑'가 있다. 안에는 주나라 때 심었다는 측백나무와 당나라 때 심었다는 홰나무, 성모전안의 송대의 채색벽화, 난노천難老泉을 '진사삼절'이라고 한다.

진사는 진나라의 개국 제후였던 당숙우唐叔虞를 기념하기 위해 지은 것이다. 당숙우의 정치와 위인됨을 그리워하던 이곳 사람들은 이 사당을 짓고 '당숙우사'라고 하였다. 그의 아들이 국호를 당에서 진晉으로 바꾸니 이것이 바로 진나라의 유래다. 그리하여 '진왕사晉王祠

북송 · 진사 시녀상晉祠侍女像

이 상은 진사晉祠 성모전聖母殿 안에 있는 시녀상이다. 어린 소녀 하나는 얼굴에 미소를 띠고 있고, 한 소녀는 입을 삐죽 내밀고 곁눈질하고 있다. 생동적인 형상은 고대 장인들의 현실 생활에 대한 깊은 이해와 숙련되고 정밀한 조소기술을 보여 준다.

라고 하였으나 중국공산당 이후에 왕자를 빼버리고 '진사' 라고 부르게 되었다 한다.

진중晉中의 평요고성은 중국 4대 고성중의 하나로 빼어난 경관 때문에 사진 작가들이 자주 찾는 곳이다. 또한 이곳은 근대 금융업의 출발점이기도 하다.

태행산은 오행산五行山·왕모산王母山·여와산女媧山이라고도 부른다. 수많은 기암괴석의 명승지들이 있으며 석탄 매장량이 풍부하다. 또한 화북평원에서 산서고원으로 가는 중요한 요충지다.

이외에 임분의 요묘堯廟, 홍동현의 광승사, 하현의 사마광묘 등이 유명하다. 이 중 평요고성, 운강석굴, 오대산은 세계문화유산으로 등재되었다. 또한 여러 곳에 역사문화를 간직하고 있는 도시들이 있으며 그렇기 때문에 영화 촬영지로도 각광을 받고 있다. 산서지역은 밀을 많이 생산하기 때문에 밀가루 음식을 많이 먹는다. 곳곳마다 특색있는 음식이 있지만 특히 따오샤오멘(刀削麵)과 라면이 유명하다. 이곳 사람들은 국수에 식초를 섞어 먹는데 이 지역의 식초는 워낙 유명하다. 산서는 석탄 생산이 많은데 임분같은 지역에 가면 석탄가루를 가득 싣고 덮지도 않은 채 도로를 달리는 트럭을 만나곤 한다. 또한 석탄을 많이 때므로 공기오염이 아주 심하고 도시 전체에서 연탄가스 냄새가 난다. 식초를 많이 먹으면 밀가루 음식이 소화가 잘되고 또한 석탄이나 매연을 약간이나마 해독해준다고 한다.

그래서인지 산서 식초와 행화촌杏花村의 분주汾酒가 산서 특산물로 유명하다. 이곳을 방문하는 사람들은 으레 이 두 가지를 산다. 산서성 출신으로는 관우, 적인걸狄仁杰, 위청, 곽거병, 설인귀薛仁貴, 나관중, 왕발, 왕유, 유종원, 진문공, 사마광, 사공도司空圖, 배수裴秀, 무측천, 공상희孔祥熙, 염석산閻錫山 등이 있다.

장서의 기쁨

—한우충동

汗牛充棟

수레에 실으면 소가 땀을 흘리고 집에 쌓으면 대들보까지 닿게 된다는 뜻으로 책이 많은 것을 비유한 말.

汗 : 땀　한
牛 : 소　우
充 : 가득할　충
棟 : 마룻대　동

'한우충동'이란 "책이 너무 많아서 쌓으면 대들보까지 차고, 마차에 실으면 소가 땀이 날 정도로 많다"는 뜻이다. 이 말은 중국 당나라의 문장가 유종원柳宗元이 〈육문통선생묘표陸文通先生墓表〉라는 글에 그 기원을 두고 있다. 유종원은 다음과 같이 썼다.

"공자가 《춘추》를 지은 지 1천 500년이 되었고 《춘추전》을 지은 사람이 다섯 사람, 온갖 주석을 한 학자들이 1천 명에 달한다. … 그들이 지은 책을 집에 두면 대들보까지 차고 밖으로 내보내면 소와 말이 땀을 낸다(其爲書, 處則充棟宇, 出則汗牛馬)." 여기서 말한 '충동우充棟宇 한우마汗牛馬'에서 '한우충동'이 널리 쓰이게 되었다. 우리가 보통 책읽기를 권할 때는 '남아수독오거서'라는 말을 종종 쓴다. 즉 "남자는 모름지기 다섯 수레의 책을 읽어야 한다"는 뜻이다. 지금이야 책읽기에 남녀 구분이 있을 수 없으니 '남아'를 '사람'으로 바꾸면 더 좋겠다. 이 말은 두보의 〈제백학사모옥題柏學士茅屋〉이라는 시에 "부귀는 근검 노력해야만 얻는 것이고, 남아는 다섯 수레의 책을 읽어야 한다(男兒須讀五車書)"는 말에서 나왔다.

그런데 한우는 '소가 땀이 난다'는 말인데 학자들 말에 따르면 소는 땀을 흘리지 않는다고 한다. 자연계에는 근본적으로 땀을 흘리지 않는 동물이 있다. 이 동물들은 땀샘이 발달하지 않았으며 심지어는 땀샘이 없는 동물도 있다. 소의 몸에는 발굽과 피부, 입과 코 주위에 땀샘이 있을 뿐이다. 이 때문에 더울 때 소에서 땀이 비오듯 하는 상황은 볼 수 없다고 한다.

그러나 필자도 어렸을 때 소의 코에 송송 맺혀 있는 땀방울을 본 적이 있는데 그렇다면 그것은 무엇이란 말인가? 중국 강남의 물소들은 더위를 두려워하여 한여름이 되면 물 속에 들어가 더위를 식힌다. 이백의 시에 '오우천월吳牛喘月'이라는 구절이 있다. 그 뜻은 강남의 물소들은 밤하늘에 떠 있는 달만 보고도 해인 줄 알고 미리 놀라 숨을 헐떡거린다는 뜻이다.

개도 발달된 땀샘이 없다. 더우면 온몸을 땅에 대고 입을 벌리고 혀를 내민 채 숨을 헐떡이며 열을 발산한다. 고양이나 돼지 같은 동물도 비슷하다. 그래서 '한우충동'은 과학적으로 볼 때에는 정확하지 않다고 한다.

이런 넌센스는 염상섭의 《표본실의 청개구리》에도 나온다. "박물 실험실에서 수염 텁석부리 선생이 청개구리를 해부하여 가지고, 더운 김이 모락모락 나는 오장을 차례차례로 끌어내어, 자는 아이 누이듯이 주정병酒精瓶에 채운 뒤에 발견이나 한 듯이" 라는 구절이 있다. 그런데 여기서 김이 모락모락 나온다고 표현했는데 개구리는 냉혈동물이므로 김이 나올 수가 없다고 생물시간에 선생님이 열심히 설명하던 것이 생각난다.

이처럼 생활 속에서 일어나는 일이지만 생활에 밀착하지 않고 상상에 의해 만든다거나, 자신이 아는 범위내에서 해석하게 되므로 재미있는 있이 종종 생긴다.

중국은 워낙 땅이 넓어서인지 한 단어에도 뜻이 다른 경우가 많다. 심지어는 어머니, 아버지를 호칭하는 방법도 중국은 지역에 따라 다르다. 그래서 종종 웃지 못할 일이 생긴다. 송대 유명한 학자이자 정치가였던 왕안석은 남방에 명월明月이라는 새와 황견黃犬이라고 부르는 벌이 있다는 것을 몰랐다. 그래서 남방시인이 "명월당공규明月當空叫, 황견와화심黃犬臥花心"이라고 쓴 시를 제멋대로 "명월당공조明月當空

照, 황견와화음黃犬臥花蔭"이라고 고쳤다.

남방시인의 시의 뜻은 "명월(새)은 하늘에서 지저귀고, 황견(벌)은 꽃속에 누워있네"라는 뜻인데, 왕안석이 고친 뜻은 "명월(달)은 하늘에서 비추고, 황견(누런 강아지)은 꽃그늘에 누워있네"라는 뜻이 된다. 완전히 뜻이 바뀌어버렸다. 이는 왕안석만을 나무랄 일은 아니고 현재 중국에서는 이런 비슷한 해프닝은 늘 있다.

유종원

위에서 '한우충동'이라는 글이 들어간 묘표의 주인공 육문통陸文通은 당대의 학자 육질陸質이다. 육질은 공자의 《춘추》를 특별히 연구하여 《춘추집주》《춘추변의》《춘추예지》등을 저술하면서 《춘추》에 대한 연구가 독특하였다. 유종원은 그의 근엄한 학문태도를 몹시 존경했다. 그래서 육질이 죽은 후에 바로 '한우충동'이라는 말을 《문통선생육급사묘표》에서 사용하였다.

이 말을 사용한 유종원 (773~819)의 자는 자후子厚로 당대 문학가이자 철학가다. 한유와 동시대의 대문장가로 그 역시 고문운동을 주도하였다. 한유와 유종원 두 사람은 친한 친구로 당시에 거의 똑같이 명성을 얻고 있었으며 문학사상에서도 비슷한 지위를 차지하고 있다.

유종원은 어려서부터 총명하고 열심히 공부하여 수많은 책을 읽었으며 21살 때 진사시험에 합격하였다. 그는 커다란 포부를 갖고 적극적으로 영정永貞 혁신 활동에 참가하였다. 영정혁신이 실패하자 유종원은 영주永州(현재의 호남성 영릉零陵 일대) 사마로 좌천되었으며 후에는 또다시 더욱 먼 유주柳州 자사로 좌천되었으며 결국은 그곳에서 죽었다.

오랫동안의 유배생활에서 유종원은 하층사회를 접할 수 있는 기회가 많아졌으며 민간의 질고를 이해하고 체득할 수 있었다. 그리하여 그는 당시 백성을 잔혹하게 착취하는 것과 사회의 암흑현상에 대해 많은 글을 써서 폭로하였다. 예를 들면 〈포사자설捕蛇者說〉〈동구기전童區寄傳〉 등과 같은 문장이 있다. 그의 산수유기는 특히 훌륭한데 가장 유명한 것은 〈영주팔기永州八記〉다. 그는 아름답고 유창한 문장을 이용하여 아름답고 수려한 자연풍경을 묘사했을 뿐만 아니라, 자신의 조우와 비분강개한 감정을 산수에 기탁하여 역대 산수山水산문의 걸작을 이루었다. 그의 산문은 논설문 · 우언소품 · 전기산문 · 기행산문 네 가지로 나뉜다. 풍격이 함축적이며 정밀하고 심각한 작품이 많다.

유종원은 하동河東(현재의 산서성 영제) 사람이므로 사람들은 그를 유하동이라고 부른다. 또 그가 유주자사를 역임했기 때문에 그를 유유주柳柳州라고도 부른다. 이러한 호칭은

보구사

서상기에서 앵앵과 장생

고대에는 모두 존경의 뜻을 나타낸다.

유종원의 고향 영제시와 관작루

영제시는 역사에서는 순임금의 고향이라 하여 순도舜都라고 칭해지기도 하는데 고대에는 전국 6대 도시의 하나였다. 산서성의 서남단에 위치하여 산서, 섬서, 하남의 '황하금삼각黃河金三角'의 중심에 있다. 영제시는 역대로 수많은 인물을 배출하였는데 순임금, 유종원, 왕유, 양귀비, 사공도, 마원 등이 이름이 높다.

유명한 희곡작품인 《서상기西廂記》에서 남녀 주인공인 앵앵과 장생이 이곳에 있는 보구사에서 만나 사랑을 키웠기 때문에 수많은 청춘남녀들이 애정의 성지로 여겨 많이 찾고 있다.

중국사람들은 자신이 사는 고장에서 탄생한 인물을 기리며 그를 상품화하는데에 뛰어난 듯하다. 유종원의 고향인 산서성의 영제시도 유종원을 관광상품으로 내놓는다. 매년 10월이면 '하동유씨문화제'를 개최함과 동시에 유종원학술대회까지 개최한다.

영제시에서 가장 유명한 것 중의 하나는 바로 관작루다. 관작루는 무한의 황학루黃鶴樓, 호남 동정호의 악양루岳陽樓, 강서성 남창의 등왕각騰王閣과 함께 중국의 4대 누각의 하나다.

이 4대 누각 가운데 유일하게 중국 북부에 위치하고 있는 관작루는 황하 가에 세워져 있어 높이 올라가 황하의 물결을 관망하기에 좋은 곳으로 이름이 나 있다.

관작루는 관작鸛雀, 즉 황새가 날아와서 머무는 누각이라는 뜻이다. 관작루는 산서성 영제시 포주蒲州의 옛성 서쪽을 흐르고 있는 황하 부근에 지어진 누각이다. 본래는 남북조 시기의 북주(北周:557~580) 때 군사적 목적으로 지어진 건축물이었다. 포주성은 황하와 바로 인접해 있었기 때문에 강물의 물고기를 먹이로 하는 관작들이 떼 지어 날아와서 황하의 물고기를 잡아먹으며 건물 위에 쉬곤 했다. 이 관작들이 늘 앉아 있었기 때문에 관작루라고 부른다.

관작루는 당·송대를 거쳐 내려오다가, 원대 초기 1272년 전란에 훼손되었다. 1997년에 관작루 복원 공사가 시작되었고 2002년 9월 26일 누각이 완성되었다. 새로 건설된 관작루는 당나라 건물 형태를 모방하여 지어졌고, 3층 건물로 총 높이가 73.9 미터, 총 건축면적이 3만 3천 206 평방미터에 달하는 거대한 곳이다. 정말 중국사람다운 발상으로

새롭게 건물을 지은 것 같다. 매표소에서 10여 분 정도 걸어 가면 관작루 앞까지 도착하는데, 거기서 또 계단을 제법 올라가야 누각의 일층으로 들어갈 수 있다. 누각이 얼마나 큰지 안에서는 엘리베이터를 이용하여 제일 꼭대기 층으로 갈 수 있다. 누각 꼭대기에서 설핏 기우는 해를 바라보면 왕지환이 감탄하며 노래했다는 시 구절이 저절로 읊어진다.

등관작루
하얀 해는 빛나며 서산에 기울고,
황하의 물결이 바다로 흘러드네.
아득한 먼 곳을 바라보려면,
한 층 더 높이 올라가야 하리.

▲ 관작루

▼ 관작루의 내부
과장된 색감이 새롭게 만들었음을 보여준다.
3층 건물로 총 높이가 73.9 미터, 총 건축면적이 3만 3천 206 평방미터로 거대하게 조성되었다.

백일의산진(白日依山盡),

황하입해류(黃河入海流).

욕궁천리목(欲窮千里目),

경상일층루(更上一層樓).

죽은 사람도 살리는 의술
―기사회생

起死回生
죽은 사람이 일어나 다시 살아남.

起 : 일어날　기
死 : 죽을　사
回 : 돌아올　회
生 : 살　생

　죽을 목숨을 다시 살려낸다는 뜻으로, 위기에 처한 상황에서 구원하여 사태를 호전시킨다는 뜻인 '기사회생'이라는 말을 우리는 종종 사용한다.

　《국어國語》〈오어吳語〉편에 다음과 같은 이야기가 실려 있다. 춘추시대 노나라 애공哀公 원년에, 오왕 부차夫差는 3년 전 아버지 합려闔閭가 월왕越王에게 패배하여 전사당한 원수를 갚기 위하여 월나라를 토벌하였다. 그리고 자신도 다리에 중상을 입었지만 월왕 구천勾踐과의 싸움에서 승리를 눈앞에 두고 있었다. 패전을 앞둔 월나라의 대부 문종文種이 계책을 내어 구천에게 말했다.

　"오나라와 월나라는 모두 하늘이 내린 나라입니다. 국왕께서는 싸움을 그만두십시오. 오나라 군영에는 오자서伍子胥

와 같은 활잘쏘는 귀족청년들이 많이 있습니다. 이들 군대는 실패한 적이 없습니다. 그들 활 잘쏘는 한 사람이 능히 우리 군사 1백여 명을 당해낼 수 있습니다. 우리는 승산이 없습니다. 우선 먼저 성공할 수 있는 계책을 낸 후에 전쟁을 하더라도 하는 것이 좋겠습니다. 국왕께서는 차라리 군대를 정돈시키는 한편 강화조약을 맺으십시오.

전쟁을 포기하면 백성들은 즐거워 할테고 오왕의 자만심은 하늘을 찌를 것입니다. 제가 점괘를 하늘에 물어보겠습니다. 하늘이 만일 오나라를 버리려 한다면 오왕은 반드시 우리의 강화조약에 동의할 것입니다. 그리고 이에 만족하지 않고 계속하여 제후들 속에서 패자가 되고 싶은 욕심을 낼 것입니다. 그렇게 하여 그의 힘을 다 소진하도록 해야합니다. 하늘이 그의 식량을 다 **빼앗아** 가버리면 그때 가서 일을 도모하는 것이 좋을 듯합니다."

월왕 구천은 문종의 계책에 동의하고 곧 말 잘하는 제계 영諸稽郢을 오나라에 보내 강화조약을 맺도록 하였다. 제계 영이 오나라에 가서 말했다.

"우리 국왕이신 구천이 저를 보냈습니다만 좋은 예물을 가지고 오지는 못했습니다. 제가 감히 말씀드리건대 이전에 월나라는 오왕에게 죄를 지어 스스로 화를 초래했습니다. 오왕께서는 월나라에 대하여 죽은 사람을 살려내어 백골에

살을 붙여 준 것이나 다름 없습니다(君王之于越也, 繄起死人而肉白骨也). 어찌 감히 하늘의 재앙을 잊고 군왕의 커다란 은덕을 잊을 수가 있겠습니까? 대왕님의 대은대덕을 잊지 않겠습니다.

　이런 식으로 세치 혀를 잘 놀려 결국 월과 오나라는 잠시 동맹을 맺었다. 오왕 부차가 월의 구천에게 죽은 사람을 되살려 백골에 살을 붙인 것과 같은 큰 은혜를 베풀었음을 나타내고 있는 '기사회생'이라는 말의 유래가 여기서 생겨났다. 중국에는 이전부터 죽은 사람도 살렸다는 명의들이 많이 있다. 신의 편작, 외과의 비조인 화타, 의성 장중경, 약왕 손사막, 약성 이시진 등을 꼽을 수 있다. 산서성 영제시에 편작의 무덤이 있는데 이 지역에서는 편작에 관한 많은 전설들이 있었다.

신의 편작

　편작扁鵲(B.C. 407 – 310년)의 성은 진秦이고 이름은 월인越人이다. 전국시대 발해(지금의 하북성 일대)에서 태어났다. 편작은 그의 별명이라고 할 수 있는데 이 이름은 《금경禽經》의 "신령스런 까치는 기쁨의 징조다"라는 뜻인 '영작조희靈鵲兆喜'와 관계가 있다고 한다. 즉 의사는 병자를 구하기 때문에 어느 곳을 가든지 그곳에 평안함과 건강을 가져다준다. 그

편작이 의술을 행하는 석상.
'편작행의' 라고 쓰여 있다.

래서 의사는 마치 까치가 기쁜 소식을 가져다 주는 것과 같기 때문에 옛날 사람들은 습관적으로 의술이 높은 의사를 편작이라고 불렀다. 편작은 중의학의 시조며 사람들은 그를 신의神醫라고 부른다.

사마천의 《사기》와 반고의 《한서》에도 편작에 관한 기록이 있다.

편작은 어렸을 때 공부를 좋아하여 갈고 연마한 끝에 의술을 터득하였다. 편작은 내과, 외과, 산부인과, 소아과 등에 뛰어났으며 침술, 뜸, 안마 등으로 질병을 치료했다고 한다. 편작은 중국의학의 기본이 되는 사진법四診法, 즉 환자의 외부적인 조건인 혈색, 모습, 피부상태, 대소변의 상태, 혈액, 침 등을 보는 망진望診, 병자의 음성이나 호흡, 기침소리 등을 들어보는 문진聞診, 병자가 말하는 주관적인 증상과 병세의 흐름, 가족병력 등을 들어보는 문진問診, 병자의 맥을 짚어보는 절진切診을 정리하였다. 《한서·예문지》에 보면 편작은 또 《내경》《외경》을 저술하였다고 하는데 이 책들은 모두 실전되었다.

편작은 오랜 의료경험을 일반 백성에게 펼치고자 여러 나라들을 주유하면서 각지에서 의술을 행하였다. 월나라 사람들은 그의 의술에 감사하여 '편작' 이라는 호칭을 주었다.

《사기 · 편작열전》에 의거하여 편작에 관한 몇 가지 일화를 소개하고자 한다.

하루는 진晉나라의 대부 조간자趙簡子가 병이 들었다. 5일 밤낮 동안 인사불성이 되어 몹시 위급하였다. 편작이 맥을 짚어보니 맥박은 정상으로 별 걱정할 것이 없었다. 3일만 지나면 회생할 것이라고 주위 사람들에게 말하였다. 과연 이틀 밤하고 반나절이 되자 조간자는 깨어났다.

한번은 편작이 괵虢나라에 갔는데 백성들이 모두 액막이 의식을 거행하면서 누군가가 병이 났다고 하였다. 알아보니 태자가 죽은 지 이미 반나절이 되었다고 하였다. 편작은 자세한 정황을 물어본 후에 태자의 병은 일종의 시궐尸厥(정신이 아찔하여 갑자기 쓰러져 인사불성이 되는 위급한 증상)이라는 것으로 호흡이 약해지고 마치 죽은 것처럼 보인다고 말해주었다. 그리고 제자에게 정수리의 숨구멍자리인 백회혈百會穴에 침을 놓도록 하고 여러 약재를 처방하여 먹였더니 태자는 과연 일어나 앉았다. 계속 이틀간을 몸조리하니 태자는 건강을 회복하였다. 이때부터 천하 사람들은 편작이 죽은 사람도 살릴 수 있는 '기사회생'의 신의神醫라고 경탄하였다. 그러나 편작은 자신은 죽은 사람을 살릴 수 있는 사람이 아니라 살아있는 사람만을 치료할 수 있다고 하였다.

또 한번은 편작이 채蔡나라에 갔는데 환공은 편작의 명성을 일찍부터 들었던 터라 그를 초대하였다. 편작은 환공을 보고 말했다.

"군왕께서는 근육과 피부에 병이 있는데 치료하지 않으면 심해질 것 같습니다."

그러나 환공은 믿지 않고 기분 나쁘게 생각하였다. 5일 후에 편작이 다시 찾아가 말했다.

"대왕의 병이 이미 혈맥까지 와서 치료하지 않으면 더욱 심각해질 겁니다." 그러나 환공은 여전히 믿지않고 더욱 불쾌하게 생각하였다. 다시 5일 후에 편작은 환공을 찾아가 말했다.

"병이 이제 위장까지 왔으니 치료하지 않으면 더욱 어려워질 겁니다."

환공은 몹시 화가 났다. 5일 후에 편작은 다시 갔다가 환공을 보자마자 달아나버렸다. 환공은 몹시 의아해하며 사람을 시켜 그 이유를 물었다. 편작이 말했다.

"병이 피부에 있을 때는 약으로 치료할 수 있고, 혈맥에 있을 때는 침이나 돌침으로 치료할 수 있고, 위장에 있을 때는 술을 사용하여 치료할 수 있지만 골수에 있게 되면 치료할 방법이 없습니다. 지금 대왕의 병은 이미 골수까지 들어가 있으니 저로서는 방법이 없습니다."

과연 5일 후에 환공의 병이 중해져 급히 편작을 모셔오도

록 했으나 편작은 이미 채나라를 떠난 후였
고, 얼마 후에 환공은 죽었다.

이런 몇 가지 이야기를 볼 때 편작의 망
진법이 얼마나 신기에 가까웠는지를 알 수
있고 한의학에서 망진법이 얼마나 중요한
지를 알 수 있다. 그래서 사진법 중에서도

서안의 편작기념관과
그 앞의 동상

망진을 가장 첫 번째로 둔다. 이는 또한 편작이 병의 예방을
중시했다는 점도 알려준다.

선진先秦시대에는 무술巫術이 성행하여 의학과학발전의
저해요소가 되었다. 편작은 의술과 무술이 양립할 수 없다
고 생각하였으며 이러한 그의 의학적 도덕은 《사기》에 잘
나타나 있다.

사마천은 "옛부터 여섯 가지 고치지 못하는 병이 있는데,
교만하여 이치에 맞지 않는 것이 그 첫 번째요, 몸은 가벼운
데 재물이 무거운 것이 그 두 번째요, 의식衣食이 맞지 않는
것이 그 세 번째요, 음양이 함께 하되 장의 기가 일정치 않
음이 그 네 번째요, 몸이 허약하여 약을 복용할 수 없음이
그 다섯 번째요, 무당을 믿고 의사를 믿지 않는 것이 그 여
섯 번째다. 이 한 가지만 갖고 있더라도 고치기 어렵다"고
하였다. 이는 편작의 언행을 보고 감탄한 나머지 사마천이
한 말이다. 사마천은 또 지금 천하에서 맥을 말하는 자는 모

두 편작에서 기인했다고 하였으니 중의학의 진맥방법과 편작은 불가분의 관계에 있음을 알 수 있다.

서한사람 유향劉向이 편찬한 《전국책戰國策》에는 다음과 같은 〈편작투석扁鵲投石〉이야기가 나온다.

편작이 진秦 무왕을 만났다. 진 무왕은 아픈 곳을 편작에게 보여줬다. 편작은 아픈 곳을 수술해야 한다고 말하였다. 그러자 진 무왕의 태의령 이혜李醯와 측근들이 말했다.

"군왕의 종기는 귀 앞쪽, 눈 밑에 있습니다. 이를 제거하는 것은 반드시 성공한다고는 할 수 없고, 만일 성공하지 못하면 귀머거리가 될 수도 있고 실명할 수도 있습니다."

진 무왕이 들은 말을 편작에게 하자 편작은 화를 내면서 손에 들고 있던 돌침을 바닥에 내동댕이치면서 말했다.

"군왕께서는 제게 병을 고쳐달라고 말씀해 놓고선 또 아무것도 모르는 사람들의 엉뚱한 말을 들으셔서 일을 그르치려 하십니까? 만일 군왕께서 이런 방법으로 진나라의 정치를 하신다면 진나라는 필시 멸망할 것입니다."

진왕은 이 말을 듣고는 자신의 병을 편작에게 맡겼다. 결국 태의령인 이혜도 못 고친 병을 편작이 고친 것이다. 태의령 이혜는 편작의 의술에 자신이 못 미치는 것을 깨닫고는 질투를 느껴 암암리에 편작을 죽였다.

다음과 같은 이야기도 전해진다.

위왕魏王이 편작에게 물었다.

"당신 집의 세 형제 중 누구의 의술이 가장 뛰어나오?"

편작이 대답했다. "큰 형이 제일이고, 둘째 형이 그 다음이고 제가 가장 못합니다."

"어찌 그렇소?"

"큰 형님은 병이 생기기 전에 치료합니다. 그때는 병자가 자신이 병이 있다는 것도 모르지만 큰 형님은 약으로 병의 근본을 없애버리니 최고라고 할 수 있지만 사람들은 이를 알지 못하기 때문에 명성이 없습니다. 그저 우리 집안에서만은 큰 형님을 최고로 칩니다. 둘째 형님은 병 초기에 치료합니다. 증상이 아직 확실하지 않기 때문에 병자들은 아픔을 모르지만 둘째 형님은 약으로 병을 치료합니다. 우리 마을 사람들은 모두 둘째 형님이 작은 병을 제일 잘 고친다고 여기고 있습니다. 제가 병을 치료하는 것은 병세가 아주 위급할 때로 병자들의 고통이 몹시 심하고 환자 집안 식구들도 몹시 초조한 상태입니다. 이럴 때 그들은 제가 맥을 짚거나 침을 놓거나, 환부에 독약을 사용하여 독을 빼내는 것을 보거나, 큰 수술을 하여 중환자들이 병이 완화되거나 치유되는 것을 보게 됩니다. 그래서 제 이름이 천하에 널리 퍼지게 된 것입니다."

위왕은 이 말을 듣고는 크게 깨우치는 바가 있었다.

편작 무덤

편작의 무덤은 현재 산서성 영제시에 있는데 괵태자가 자신을 기사회생시켜준 은혜에 보답하기 유하여 유골을 수습하여 이곳에 매장했다고 한다.

편작의 무덤은 높이 1.67미터, 묘 주위는 50미터며 그 앞에 석비가 하나 있는데 석비의 높이는 35센티미터로 "大觀元年三月口日楊口信口口重口收扁鵲墓"라고 새겨져 있다. 대관 원년은 1107년으로 현재 중국 각지에 있는 사당중에서 가장 이른 시기에 조성되었다. 묘 옆에는 편작사扁鵲祠가 있으며 사당 안에는 명 만력 연간(1600년)의 《중수편작사기重修扁鵲祠記》가 있지만 언제 처음 지어졌는지에 관해서는 언급하지 않고 있다. 편작사는 동서 양쪽에 사당이 있는데 청대에 여러 번 중수되었다. 옹정 8년(1730)의 〈중수편작묘기〉에 사祠를 묘廟로 바꾸었다는 기록이 있지만 애석하게도 서쪽의 사당은 항일전쟁 때 훼손되었고 현재는 돌사자 한 쌍과 비석 3기가 남아 있다. 동쪽 사당은 보존이 잘 되어 있다.

이외에도 편작사당은 중국 곳곳에 있다. 중국 사람들은 종종 유명인사의 묘나 사당을 이곳저곳 연고 지역에 조성하는 경향이 있다. 전기적인 색채가 농후한 편작의 경우도 그렇다.

그래서 영제시 이외에도 그의 고향인 하북성 형태시邢台市

내구현內丘縣에도 있고 산동 제남의 작산鵲山에도 편작묘가 있다고 한다. 묘 앞의 비석에는 "춘추노의편작春秋蘆醫扁鵲"이라고 쓰인 비석이 있는데 건륭 18년(1753)에 중건되었다. 여기저기에 사당이 많은 것은 중국 사람들의 마음

편작사당(산서 영제시)

속에 깊이 각인되었으며 좋아한다는 의미이기도 하다.

목숨으로 지킨 역사 기록
─동호직필

董狐直筆

사실을 숨기지 않고 그대로 쓰는 것을 말함.

董 : 동독할 동
狐 : 여우 호
直 : 곧을 직
筆 : 붓 필

동호董狐는 춘추시대 진晉나라 영공靈公 재위시의 사관史官
이다. 동호는 붓으로 직서를 한 사관으로 중국 사학 직필의
전통을 만들었다.

《좌전》 선공宣公 2년에 이에 관한 이야기가 기록되어 있다.

진 영공은 어린 나이에 즉위하였는데 점점 황음무도하고
성군과는 거리가 멀었다. 그는 종종 누각에 올라 행인들에
게 새총을 쏘거나 곁에 미인을 두고 즐기는 것을 낙으로 삼
았다.

하루는 곰발바닥 요리가 입맛에 맞지 않자 요리사를 죽이
고 시신을 여덟 조각으로 나눈 후 바구니에 담아 들에 버리
도록 하였다.

이때 상국相國이었던 조순趙盾은 영공의 이런 행동을 보고

누차에 걸쳐 간언을 하였지만 영공은 전혀 듣지 않은 조순을 미워하고 제거하고자 하였다. 이런 풍문을 듣고 조순은 도망을 갔다. 이럴 즈음 조순의 친척 조천趙穿은 일찍이 진 영공의 부패함을 간파하고 그가 술에 취해 잠든 틈을 타서 시해하였다. 그리고 진 성공을 옹립하여 군주로 세우니 조순은 돌아와 상국에 다시 복귀되었다. 조순의 강직함은 조정 안팎의 칭찬을 받았다. 그러나 사관인 동호는 이와는 생각이 달랐다. 그는 거침없이 "조순이 군주를 시해弑害하다"고 기록하였다. 조순은 이를 보고는 몹시 놀라 동호를 찾아가 조천이 영공을 죽인 것이지 자신은 죽인 죄가 없다고 변명하였다. 그러자 동호가 단호하게 말했다.

"국경을 넘지는 않았지만 상국의 자리에 계신 분이 군주가 피살될 때 도성을 떠나 있었습니다. 또 군주가 피살된 후에 돌아와서도 죄인을 처단하지 않으셨으니 군왕을 시해한 죄명이 상국에게 부합하지 않다면 누구에게 부합합니까?"

후에 공자가 이 일을 들은 후에 "동호는 어진 사관이다."라고 칭찬하였다. 또한 이런 소리를 듣고도 동호를 처단하지 않은 조순도 칭찬하였다. 제나라에서도 이와 비슷한 일이 있었지만 결과는 전혀 달랐기 때문에 공자가 이런 이야기를 한 것이다.

최서가 주군을 시해하다

《좌전》 양공 25년에 이에 관한 기록이 있다.

동호직필 이후 약 50년이 지난 BC 548년, 제나라의 장공이 그의 스승이며 재상인 최서崔抒의 아내를 강제로 빼앗아 간통한 불명예스런 사건이 있었다. 이에 격분한 재상 최서가 장공을 시해하고 새로 임금을 세운 뒤 스스로 전권을 장악하는 정변이 일어났다.

제나라의 태사는 붓을 들어 "최서가 그의 군주를 시해하다"고 직필하였다. 이에 화가 난 최서가 제 장공은 임금이 아닌 일개 간통한 사내일 뿐이므로 하극상에 해당하는 시해라는 용어 대신 주살誅殺 혹은 극弒이라는 말로 바꿀 것을 강요하였다. 그러나 이를 거부한 첫째 형이 처형되었고, 뒤를 이은 동생이 다시 "최서가 그의 군주를 시해하다"고 적으니 이도 죽여버렸다. 다시 셋째 동생이 "최서가 그의 군주를 시해하다"고 적자 이도 죽였다. 그러자 넷째 동생이 다시 똑같이 적었다. 이제 넷째 동생도 죽을 판이었다. 이러자 남사씨南史氏가 이 소식을 듣고는 곧바로 고개를 외로 꼬면서 붓과 죽간을 들고 제나라에 달려가 이를 적었다. 그리고 후에 넷째인 제나라의 태사가 죽지 않고 성공했다는 말을 듣고 안심하고는 돌아갔다. 당시의 사관제도는 한 가문에서 맡아 했기 때문에 이럴 수가 있었다. 이 기록을 보면 목숨을 내놓고 하는 직업이니 자손들이 많은 것이 좋을 것 같다. 그러나 투철한 역사관이 없다면 불가능한 일이리라.

당시의 사관과 후세의 사관은 다른데 그들은 책간에 역사를 기록하는가 하면 비서역할도 하였다. 즉 임금과 신하들이 나라를 다스리는 법령조문을 집행하는 것을 도왔다. 왕명을 선전하거나 공과를 기록하는 것이 주된 임무였지만 실제적으로는 대권을 포폄하거나 평가하는 문관이었다.

오늘날에도 이런 글을 읽게 되면 가슴의 피가 끓어오르는 느낌을 받을 수 있다. 역사 기록을 유지하기 위한 실록의 직서 전통은 제나라 태사들이 연달아 죽는 한이 있더라도 지켜야겠다는 것이다. 제나라의 모든 사가들이 진실을 밝히다 죽으면 이들의 죽음마저도 또 다른 사관들이 기록할 것이라는 뜻이다. 제나라 사관들은 진실을 기록하기 위하여 형제 세 명이 죽었다. 이들이야 말로 자신의 직업에 충실하고 자신의 직업을 목숨보다도 더 중히 여겼던 멋진 사람들이라고 볼 수 있다.

위에서 남사씨라고 할 때 '씨氏'는 한 사람을 지칭하는 것이 아니라 전문적으로 역사를 기록하는 집단을 말한다. 제나라에서는 '태사씨'라 했고 제나라 이남에서는 '남사씨'라고 했으며 사관들을 '사씨史氏'라고도 한다.

최서의 예처럼 예가 붕괴되어 가던 춘추시대에 동호의 직필은 공자에게는 신선한 것이었을지도 모른다. 왜냐하면 동호의 직필은 목숨을 건 일이기 때문이다. 그래서 공자는 동호의 강직한 정신을 칭찬하고 또한 동호를 처단하지 않은 조순마저도 칭찬하였다. 역사에서는 동호를 '양호良狐' 또는 '사호史狐'라고 칭한다.

역시 붓끝은 칼끝보다 무섭다.

그래서 중국의 황제들은 사관을 무척 존중하였다. 북위 태무제 때의 사도司徒였던 최호崔浩는 북위의 개국사를 저술하고 그것을 돌에 새긴 죄로 일가와 부하 등 128명이 참살 당하였다. 이뿐만이 아니라 최호 가문과 관련이 있는 산동성 임청시의 최씨, 하북성 탁주시의 노씨盧氏, 산서성 태원시의 곽씨郭氏, 산서성 하동군의 유씨柳氏 등의 가문까지 멸족시켰다고 하니 그 수를 헤아리기 어려울 정도다. 그런가 하면 북제의 문선제文宣帝 고양高洋은 《위서魏書》의 편찬자 위수魏收를 격려하면서 "직필하시오. 난 태무제처럼 사관을 죽이는 일은 하지 않을 것이오"라고 말했다. 역사상 문선제가 큰 공적은 없지만 이런 역사관은 존경받아 마땅하다.

연극 《조씨고아趙氏孤兒》

근자에 중국의 유명 영화감독 첸카이커가 《조씨고아》를

영화화 하는데 우리나라의 유명배우들이 캐스팅되었다는 보도가 나오자 해당 배우들이 난 캐스팅되지 않았다, 오보다 라는 기사가 연달아 나왔다. 누구의 말이 사실인지는 영화가 나온 뒤에나 알 것 같다. 우리나라 사람들에게는 낯선 《조씨고아》라는 작품은 중국인에게는 아주 낯익은 연극이다. 한국에서는 2006년 중국 연출가 티엔친신(田沁鑫)이 내한하여 현대극 《조씨고아》가 '예술의전당' 토월극장에서 공연된 적이 있다. 이 작품은 원나라 기군상紀君祥의 작품으로 이

조씨고아 중의 한 장면

후에 여러 가지 버전으로 개작되었다. 1755년 볼테르Voltaire는 이 작품을 《L' orphelin de la Chine》로 번안하였고, 1755년 8월 20일 파리극장에서 공연을 하였는데 공전의 성황을 이루었다고 한다. 그래서 서양에도 일찍부터 알려져, 이미 18세기 서방에서는 중국의 충의를 주제로 한 역사극의 대명사가 되다시피 하였다. 청말의 학자 왕국유王國維는 《송원희곡고宋元戲曲考》에서 이 작품을 '세계적인 비극'으로 정의하여 잠시 '조씨고아' 붐을 일으키기도 했다.

여기에 이를 소개하는 것은 바로 '동호직필'의 당사자였던 조순이 주인공이기 때문이다. 작품 내용은 진나라의 대신 조순이 진 영공을 보좌하다가 자신의 진언이 받아들여지지 않자 도망가고, 영공이 시해된 후 그의 동생 성공成公이

즉위하자 다시 재상직에 복귀한 것은 위에서 소개한 '동호직필'의 내용과 같다. 여러 가지 판본과 개작본이 있는데 대체적인 내용은 다음과 같다.

조순의 아들 조삭趙朔은 성공의 누나를 아내로 맞았다. 즉 황제의 누나가 조순의 며느리가 된 것이다. 성공이 죽고 아들 경공景公이 즉위하였다. 이때 대부 도안가屠岸賈는 진 영공의 총신이었으나 조순과는 앙숙이었다. 그래서 경공에게 "영공이 서거한 것은 조순 때문입니다. 신하가 임금을 시해하였으니 멸족이 마땅합니다"고 하였다. 이때 조순은 이미 죽었지만 경공은 조삭 집안을 모두 죽여버렸다. 조삭의 아내만은 공주 신분이라 죽이지 않았는데 공주는 궁으로 돌아가 유복자를 낳았다. 도안가는 이 소식을 들은 후 궁중을 수색하였으나 공주가 바지 속에 갓난아이를 감추어 다행이 죽음을 피할 수 있었다.

이런 위급한 때에 조씨의 문객이었던 공손저구公孫杵臼와 정영程嬰은 조삭에게 평소 은혜를 입은 것에 보답하기 위하여 조씨고아를 구해내기로 결심하고 계략을 짰다.

마침 정영에게도 강보에 싸인 갓난아이가 있었는데 정영은 자신의 아이를 공손저구에게 주고 수양산으로 가도록 하였다. 그리고 몰래 아내에게 조씨고아를 데리고 반대방향으로 가게 하였다. 도안거가 이 소식을 듣고는 뒤를 쫓았다.

정영은 하는 수 없이 도안거에게 조씨고아가 있는 곳을 알려주면 상금을 주겠느냐고 말하였다. 그러마 하자 정영은 공손저구와 아이가 있는 곳으로 도안거를 데리고 갔다.

공손저구는 사람들 앞에서 일부러 정영을 마구 욕하면서 "나는 죽여도 좋다. 그러나 아이는 아무것도 모르니 목숨만을 살려달라"고 애걸했지만 이를 들어줄 리가 만무하였다. 정영은 자신의 눈 앞에서 공손저구와 자신의 친아들이 죽어가는 모습을 볼 수 밖에 없었다. 게다가 배은망덕하고 친구를 팔아먹으며 충신을 해쳤다는 불명예까지 안게 되었다. 그런 후에 진짜 조씨고아를 데리고 15년간 깊은 산속에서 은거하였다. 조씨고아가 장성하니 이름을 조무趙武라고 하였다.

하늘도 무심치 않았는지 이때 경공이 중병이 들었는데 점을 치니 점쟁이가 죄없는 공신을 죽여서 병이 들었다고 말하였다. 대신 한궐韓厥은 조씨와 관계를 유지하고 있었는데 이를 기회로 경공에게 말했다. "조씨는 대대로 공이 있는데 멸족하여 백성들이 모두 불평하고 있습니다. 다시 명예를 회복하여 중용하셔야만 됩니다". 경공은 한궐의 말을 듣고 정영과 조무를 입궁토록 하여 조무에게 원래 조씨 가문의 봉록과 봉지를 계승하도록 하였다.

조무는 경공의 명을 받들어 도안가를 죽였다. 이로써 조씨의 원통함, 정영과 공손저구의 충성심도 만천하에 드러나게 되었다. 정영은 승리의 기쁨도 만끽하지 못한 채 수십 년간 처자와 이별한 아픔, 군주를 잃은 슬픔, 친구를 잃은 비통함이 가슴에 사무쳐 스스로 자결하니 조무는 그를 위해 3년간 상복을 입었다.

만일 이런 일이 없었다면 전국戰國시대의 명문귀족 조씨가 있을 수 있었을까? 후에 조무의 증손자 조양자는 조나라를 건국하였다. 재미있는 것은 동호가 그토록 '임금을 시해'했다고 통렬하게 꾸짖었던 조순의 후예들이 만고의 충신으로 미화되었다는 점이다. 이 이야기는 《사기》에 근거를 둔 것이지만 한 가문의 흥망성쇠를 보면서 많은 것을 생각하게 한다.

후세에 충신 정영, 공손저구를 기념하기 위하여 산서성의 우현盂縣 장산藏山에 '문자사文子祠'라는 사당을 세우고 제사를 지냈다. 조무趙武의 시호가 조문자이기 때문에 이런 명칭이 생겼다. 1996년에는 근처에 '춘추전국성'을 건축하여 춘추전국시대 부침과 변화가 심했던 삼진三晉 역사를 이해하도록 하고 있다.

동호의 고향 임분

지금의 산서성 임분시臨汾市 익성현翼城縣 동쪽 양호촌이

그의 고향이라고 한다. 익성현은 임분시, 운성시, 진성시晉城市의 접경지역이다. 동호 이외에 최호와 사마천도 산서성 사람인데 이곳에는 사관의 투철한 역사관이 정신적으로 내재되어 있거나 특별한 역사관의 DNA가 있는 것이 아닐까 하는 마음으로 경건한 마음으로 산서성 여행을 몇 차례 하였다.

임분시 요릉 문물관리소

임분시는 중화민족의 발상지 중의 하나다. 양분襄汾의 정촌丁村 유적지는 십만여 년 전의 석기시대 유적지로 분하汾河 연안에 있다. 《제왕세기》에 의하면 이 지역을 '요 임금의 수도 평양平陽'이란 말이 있는데 바로 지금의 임분이다. 요 임금이 순임금에게 선양을 한 이야기도 이곳에서 발생했으며 주 성왕이 그의 동생 숙우叔虞를 당唐에 봉한 곳도 이곳이다. 당 지역이 바로 익성이다. 그후 이 지역에 진수晉水가 흐르기 때문에 나라 이름을 진晉으로 개국하였다. 춘추시기에 임분은 진의 제후국으로 진 문공 중이가 집정할 때의 중심지는 임분시의 곡옥曲沃 후마侯馬 일대였다. 그후 수나라 때 임분으로 이름이 정해지면서 지금까지 이 명칭을 사용하고 있다. 금나라 때 평양平陽은 4대 출판 중심의 하나로 이곳에서 출판된 서적은 '평수판平水版'이라고 하며 저 유명한 조성趙城의 《대장경》은 민간의 자본을 모아 이곳에서 조판인쇄되었다. 이곳은 또한 중국 인물판화도 유명하고 홍동洪洞 광승사廣勝寺의 원대 벽화 역시 아주 유명하다.

이 지역 출신으로는 '동호직필' 의 주인공인 동호와 조순 이외에도 진 문공, 요임금, 동호, 곽거병霍去病, 위청衛青, 가남풍賈南風, 위자부衛子夫 등이 있다.

죽어서도 연극을 보는 사람들 – 동씨董氏 가족묘

첫 번째 임분을 방문한 것은 4월 중순의 봄날이었다. 산서사범대학교 중문연구소 소장님의 배려로 그분들이 연구조사하는 행선지를 동행할 수 있는 행운을 얻게 되어 후마시候馬市의 유적지를 돌아볼 수 있었다. 길가에는 연보라색 오동나무 꽃이 아름답게 피어 있었다.

오동나무는 정말 낭만적인 나무다. 봄에는 그토록 향기롭고 아름다운 꽃이 피고, 여름에는 넓은 잎의 그늘이 좋고, 가을이 되면 서걱거리며 떨어지는 오동나무 낙엽 한 잎으로 온 가을을 느낄 수 있다. 또 겨울에 나목의 가지 사이로 보는 차디찬 달빛은 또 얼마나 처연한 아름다움이던가. 상념에 젖어 있다 보니 어느새 오늘의 목적지인 후마시의 동씨묘董氏墓에 도착하였다.

안내인이 반갑게 맞이하며 옷을 두껍게 입으라고 여러 번

말했다. 그러면서 지하에 내려갔다
오면 귀신이 들릴 수도 있다는 아리
송한 말을 하였다. 그 말의 의미는
나중에야 이해하게 되었다. 어쨌거
나 사실 이곳은 공개되는 곳이 아니
기 때문에 안내하는 분을 따라가야
만 했다.

후마 동씨묘 안에 있는
연극무대

문을 열고 내리막길로 무작정 내려갔다. 한 곳에 이르니
지하에 커다란 집이 있었다. 그곳이 바로 동씨네 무덤이다.
'동호직필'의 동호도 임분 출신인데 이 지역에는 동씨가 많
다. 이 동씨 무덤이 동호와 어떤 관계가 있는지는 조사하지
못하였으나 몹시 반가웠다. 무덤이 반갑다니 해괴한 소리같
지만 중국연극을 전공한 필자에게 이 무덤은 몹시 중요한 고
고학 자료가 된다. 그 무덤 안에 연극무대가 있기 때문이다.

'동씨묘'는 최근에 발견된 가장 유명한 금대金代의 무덤
이며 조각벽돌로 지어졌다. 1959년과 1969년에 산서 고고
연구소 후마사무실이 이곳에 들어서서 연구를 계속하고 있
다. 무덤 주인의 이름은 동해董海와 동명董明으로 금나라 명
창明昌 7년(1196)과 대안大安 2년(1210)에 매장되었다. 목조식
건물을 모방하여 만들었고 천정은 팔각형이다.

동해의 무덤은 중국 북방지역의 전통적인 사합원형태다.

구조는 복잡하지만 벽돌을 서로 끼워 맞추어 지었는데 묘실 내벽에는 화초, 팔선인물, 희극 속의 인물, 날아다니는 말, 뛰는 노루, 달리는 사자 등 동물을 조각한 것이 마치 비단에 수놓은 것처럼 화려하다. 예술적 가치가 상당히 수준 높은 건축과 조각예술이다.

동명의 무덤도 사합원처럼 방이 세 칸 있다. 뜰 쪽으로 문이 달린 '명간明間'이라고 부르는 방에는 둥근 다리의 꽃탁자가 놓여있다. 꽃탁자 양쪽에는 무덤의 주인 부부인 인형이 앉아있고 입체조각 병풍과 시동 시녀들이 서있다. 남쪽의 무덤 문 양쪽에는 집안의 악귀를 몰아내고 평안을 지키는 돌사자와 화분이 있고, 방에도 화분과 탁자가 있다. 기둥과 문도 아름다운 장식으로 꾸며져 있으며 공포식 처마 기둥 위에 지붕을 받치며 차례로 짜 올린 구조다. 무덤 문에는 땅을 샀다는 매지권이 네모진 편액 속에 들어있다. 거기에는 무덤 주인의 성명과 묘지를 산 경위와 매장한 연월일이 기록되어 있다. 북쪽 벽 위 정중앙에는 잘 만들어진 작은 연극무대가 있는데 이는 무덤 주인이 앉아서 감상할 수 있는 자리에 설치되었다. 그는 죽어서도 생시와 마찬가지로 자신이 좋아하는 연극을 영원히 보면서 지내는 셈이다. 이 지역 사람들이 얼마나 연극을 좋아했는지를 알 수 있다. 연극 무대 앞은 운판雲版으로 장식을 하였고, 무대 입구는 두 개의 작은 팔각형 기둥 사이에 옆으로 커다란 중도리를 끼워 넣고 있다. 그 위에는 공포 세 개가 전체 지붕을 떠받치고 있다. 지붕 꼭대기는 기와를 촘촘히 깔았는데 그 조각이 몹시 세밀하다. 이 모든 것이 벽돌로 표현되었다. 전체 무대는 77cm이고 모서리 기둥에서 뒤의 벽까지는 18.5cm다.

• 연극무대 위의 배우들

연극무대 위의 배우들

무대 위의 인형들을 살펴보면 몹시 사실적이고 재미있게 만들어졌는데 다음과 같다.

왼쪽에서 첫 번째 사람은 머리에 검은 모자를 쓰고, 소매가 넓은 붉은색 옷을 입고 있으며, 검은 구두를 신고, 가슴은 풀어헤쳤다. 오른손은 배에 올려 놓고, 왼손을 가슴 앞에 놓았는데 식지와 중지가 가슴팍을 가리키고 있다. 몹시 처량한 표정으로 뭔가를 호소하는 듯한 모습으로 보아 평민을 연기하는 역할이다.

왼쪽에서 두 번째 사람은 검은 모자를 쓰고 깃이 둥글고 소매가 좁은 검은 도포를 입고 있고, 검은 구두에 허리에는 노란색 허리띠를 매고 있으며 오른 주먹을 가슴 앞에 놓고 왼손은 옷자락을 잡고 있다. 얼굴은 약간 왼쪽을 향했는데 화난 표정으로 보아 하급관리를 연기하고 있는 부말副末역이다. .

정 중앙에 있는 사람은 양쪽 날개가 달린 검은 두건을 쓰고, 깃이 둥근 붉은 도포를 입고, 허리띠를 두르고, 검은 신을 신고 있다. 두 손으로는 홀笏을 왼쪽 가슴에 사선으로 들고 있다. 몸은 약간 앞을 향하고 오른쪽을 보고 있는데 그 모습이 몹시 태연자약하여 관리를 연기하는 역임을 알 수 있다.

왼쪽에서 네 번째 사람은 두건을 쓰고 좁은 둥근 자수무늬의 붉은 겹저고리와 검은 신을 신었고 노란색 허리띠를 두르고 있다. 오른손에는 부채를 들고 있는데 식지와 새끼손가락을 구부리고 있다. 왼손으로는 허리띠를 꼭 쥐고 있으며 한 발은 앞에 한 발은 뒤에 놓고 오른발 끝은 땅에 대고 뒤꿈치는 들고 있다. 입을 벌리고 이를 드러내고 있는데 표정이 활발한 것이 '말니末泥' 역이다.

가장 오른쪽에 있는 사람은 넓은 소매에 노란 바탕의 호피무늬가 들어가고 검은 바이어스를 댄 긴 도포를 입고 있으며 붉은 바지, 검은 신발에 앞가슴을 풀어헤치고 있으며 머리는 옆으로 상투를 틀었다. 얼굴은 코 주위에 흰 칠을 하였고, 검고 굵게 눈썹을 그렸는데 지나치게 과장된 모습이다. 또 얼굴 양 볼에 제멋대로 화장을 하고, 양 팔목에는 붉은 팔찌를 차고 있다. 왼쪽 어깨는 드러내놓고 오른손 식지와 엄지는 입 속에 넣고 그 나머지 손가락 세 개는 얼굴에 대고 있는 것이 휘파람을 불고 있는 모습이다. 표정이 몹시 우스꽝스러운 것이 '현대 경극의 축표'의 배역이다.

동씨묘 연극무대의 인형은 금나라의 원본院本(당시에 연극을 이렇게 불렀음) 예술을 연구하는데 귀중한 자료다.

동해와 동명의 무덤처럼 화려하고 정교하지는 않아도 이와 비슷한 무덤들이 완만한 내리막길을 따라 계속 이어진다. 어느 곳은 돌아야 하고, 어느 곳은 직선이고 이리저리 완만하게 지하에 끝도 없이 길이 뻗쳐 있다. 이곳 동씨네 가족묘에는 13대가 묻혔다고 한다. 맨 처음에 무덤을 만들 때는 땅을 그다지 깊게 파지 않았다. 그런데 아들이 죽자 아버지보다 위에 묻힐 수 없는 노릇이므로 땅을 더 파야 했다. 손자가 죽으니 또 아버지 위에 있을 수 없어 무덤은 더 깊이 파내려가야 했다. 이런 식으로 13대가 묻히다 보니 한없이 깊이 파들어 가야 했다. 들어가 보지 않고는 그 구조를 이해하기 참으로 어려운데 완만하게 경사진 길을 따라 가다보면 문득 무덤이 나타난다.

그러나 그 무덤은 일반적인 무덤이 아니라 이승에서 살던 그대로를 작게 축소한 가옥이다. 죽어서도 똑같이 차도 마

시고 연극도 보고 부부가 다시 해로하는 또 다른 공간일 뿐
이다.

이렇게 몇 시간 동안 지하 동네를 다니다보니 춥기도 하
거니와 음계陰界라는 생각 때문인지 온몸이 얼어붙어 온다.
들어오기 전에 안내원이 한 말이 실감이 난다. 나와서 안내
원이 다시 한마디 하였다. 지난번에도 외국 손님이 와서 한
바퀴 돌고 나왔는데 감기에 걸렸다고, 그래서 자기들은 그
것을 귀신이 붙었다고 한다면서 웃었다.

한밤의 연극 구경

임분의 시골로 내려가면 민중들의 전통 연극 관람은 가히
폭발적이라 할 수 있다. 원대의 전통무대가 남아 있는가 하
면, 마을마다 소박한 무대가 훼손된 채로 남겨져 있으며 아

그림자 인형극

직도 거기서 공연을 한다. 마을
의 무대는 보통 커다란 마당을
사이에 두고 높은 무대가 있고
맞은편에 사당이 있다. 즉 사당
에 모셔진 신께 무대에서 극을
공양하여 감사함을 드리는 형식
이다. 그래서 광장에 아무리 많
은 사람들이 모여도 사당에 모셔

져 있는 신은 건너편의 높은 무대에서 공연되고 있는 극을 향유할 수 있게끔 되어 있다.

우리가 도착한 마을에서 열린 전통극의 광경은 지금도 깊은 인상으로 남아 있다. 마을의 아들을 낳은 집에서 신에게 감사를 드리기 위하여 극단을 초청하여 이루어진 것이었다. 극이 공연된다는 소식을 들은 사방 50리 안팎의 사람들이 그 밤에 너도나도 모여 들었다. 손에 앉은뱅이 의자나 등받이 의자를 들고 공터로 삼삼오오 모여들었고, 그 중에는 가족단위로 온 사람들이 많았다. 연극은 밤 12시 가까이 끝났는데 자그마한 삼륜 자동차에 수십 명이 올라타고 돌아가는 광경을 보고는 교통사고가 나지 않을까 걱정이 앞섰다. 그나마 타고 가는 사람은 행운아들이고, 대개는 그 칠흑 같은 어둠을 뚫고 30~40리 되는 길을 밤새도록 걸어서 돌아간다고 하였다. 그만큼 시골에는 볼거리가 아직도 부족하다는 얘기도 되겠지만 중국인들의 특히 산서 사람들의 전통극에 대한 사랑을 엿볼 수 있는 소중한 시간이었다.

그날 공연한 연극은 그 지방 연극인 포극蒲劇으로 '설강이 조정에 반기를 들다' 라는 뜻인 〈설강반조薛剛反朝〉였다. 그 내용은 다음과 같다. 당대의 명장이자 이 고장 출신 설인귀薛仁貴의 후예인 설강이 술에 취해 간신 장태張台의 아들을 때려 죽였는데 그만 실수로 선제先帝의 영정을 훼손하고 말았다. 조정에서는 설씨 집안 삼문을 멸하라고 명하였다. 설강은 아내 기난영과 도망쳤다. 설강의 형 설맹은 양하의 태수로 있었는데 장태가 심복을 파견해 이들 가족을 모두 죽이도록 시키자, 설맹의 노신 서책徐策은 충신 가족의 후예를 살리고자 갖은 노력을 한다. 세월이 흐른 후 설강의 아들이 장성하여 조정을 위하여 간신 장태를 물리치고 설씨 집안을 위하여 원한을 갚는다는 내용이다. 이 극은 절자희折子戱(극 전체를 공연하지 않고 중요한 부분만 공연하는 갈라 형태의 연극) 형태의 〈서책포성徐策砲城〉으로 더 유명하다.

포극은 산서·섬서·하남·감숙과 청해의 일부 지방에서 유행하는 아주 오래된 연극형식이다. 산서 남부의 포주(지금의 영제 일대)에서 흥기하였기 때문에 '포극'이라고 한다.

포극에서는 높은 음으로 노래를 부르는데 그 노랫가락이 순박하며 자유분방하다. 따라서 격정적이거나 기개를 표현할 때, 비장하고 처량한 영웅사극을 표현할 때 적합하다. 또한 극중의 인물성격과 정서를 표현하는데도 좋다.

이 날의 공연 중에는 감탄을 자아내는 묘기도 펼쳐졌다. 남자 배우들이 쓴 관모에 달린 아주 기다란 깃이 손도 대지 않고, 머리도 움직이지 않고 가만히 있는데도 앞뒤로, 좌우 옆으로 자유자재로 움직였다. 우리는 그 원리가 몹시 궁금했다. "입에 끈을 매달지 않았을까요?" "아니, 아니, 치아 사이에 껌을 박아놓고 피아노 실 같은 것으로 연결하지 않았을까요?" 의견이 분분했다. 다음날 아침 그 원리를 물었더니 배우가 하는 말이, "마음으로 하는 거예요" 한다. 이건 대체 무슨 소리람. 마음으로 깃털을 움직인다고?

이들의 묘기는 '영자공翎子功'의 일종으로 모자에 달린 깃을 인체의 각 부분과 조절하여 움직이는 것이다. 두 손을 양 허리에 대고 왼발을 정丁 모양으로 딛고 오른쪽 발을 내딛는다. 동시에 두 손을 가슴에 모아 합장을 한다. 오른쪽 다리를 땅에 대면서 왼쪽 발을 들고 왼쪽 발은 다시 정자 모양으로 딛으며 윗몸을 조금만 앞으로 나아가는 듯하고, 고개는 보이지 않을 정도로 살짝만 스쳐도 깃이 움직인다. 이 기교로 사람들의 분노와 즐거움을 표현하는 것이 포극의 특징이다.

연극하는 동안 살펴보니 기부자 이름과 액수를 적은 쪽지가 벽에도 붙고 연극무대 앞에도 붙어 있다. 당시 공연을 했던 극단은 중국에서 공인하는 1급 배우는 없었어도 산서에서는 알아주는 극단이라고 한다. 다음날 아침 그들의 이야기를 들어보니, 특별히 월급이 있는 것은 아니고 이렇게 공연하면 하룻밤에 10원을 받는다고 한다. 우리 일행도 극단에 조금이나마 기부를 하고 오면 좋았을 것을, 미처 그런 생각을 못한 것이 내내 미안함과 아쉬움으로 남는다. 게다가 사회자가 멀리 한국에서 온 손님도 있다고 우리를 소개까지 하였는데… 지금 생각해도 얼굴이 달아오른다.

밤에는 어두운데다 인파가 몰려서 무대의 구조를 파악하기 힘들었는데, 아침이 되니 그 구조가 눈에 들어왔다. 무대 맞은편 사당에는 중국 주周 왕조의 시조 후직后稷을 낳았다는 강원姜嫄이 모셔져 있었다. 초라하기 그지없는 자그마한 조각상에 붉은 옷을 새로 입혀놓았다. 중국 사람들은 1년에 한 번씩 신에게 새 옷을 입혀준다.

어제 공연은 이 강원에게 아들을 낳게 해주어서 감사하는 마음으로 공양한 연극이었던 셈이다. 우리나라에서의 삼신할머니에 대한 신앙과 비슷한 것이라고 보면 되겠다. 극단에게 미안했던 마음을 사당의 복전함에 시주하는 것으로 조금이나마 달래보았다.

빛좋은 개살구
—화이부실

華而不實

꽃은 화려하지만 열매를 맺지 못한다라는 뜻으로, 겉모습은 화려하지만 실속이 없음을 비유하는 말

華 : 빛날 화
而 : 말이을 이
不 : 아닐 부
實 : 열매 실

'화이부실'은 화려하지만 열매를 맺지 못하는 식물처럼 겉모습만 번지르르하고 실속이 없는 경우를 말할 때 사용하는 고사성어로 좌구명의 《좌전》 문공文公 5년 기록에 이에 관한 이야기가 나온다. 또 한나라 왕충王充의 《논형論衡》에도 "무릇 사람은 문文과 질質로 이루어지는데, 사물은 겉모습은 화려하지만 실질적이지 못한 것이 있고(物有華而不實), 실질적이지만 화려하지는 못한 것이 있다"라는 구절이 있다. 역시 외관보다는 내실의 중요성을 말한 것이다. 《좌전》에 나오는 이야기는 다음과 같다.

춘추시대 진晉나라의 대부 양처보陽處父가 위나라에 사신으로 갔다가 돌아오는 길에 노나라의 영읍寧邑을 지나가다가 그 곳의 한 객잔에서 머물게 되었다. 객잔집 주인은 성이

영羸으로 양처보의 당당한 외모와 평범치 않은 행동거지를 보고 이에 반하여 아내에게 속삭였다.

"나는 일찍부터 품덕이 높은 분을 따라 가고자 했지만 몇 년 동안 그런 사람을 만나지 못했소. 오늘 양처보를 보니 아주 괜찮은 사람같소. 나는 그를 따라가기로 결심하였소."

객잔 주인은 양처보의 허락을 얻은 후 아내와 이별하고 그를 따라갔다. 함께 가는 도중에 양처보는 도대체가 조리없이 이말 저말을 해대었다. 객잔 주인은 이 모습을 보고는 얼마가지 않고 양처보와 헤어져 집으로 돌아왔다. 아내가 이런 남편을 보고 이상히 여겨 물었다.

"당신은 가까스로 마음에 드는 사람을 만나지 않았나요? 왜 그를 따라가지 않았나요? 큰 결심을 하고 가셨으니 집안 걱정은 하시지 마시고 뜻을 펴세요."

그러자 남편이 대답하였다.

"양처보는 겉만 번지르르하더군. 믿을 수 있는 사람이려니 했는데 그의 말을 듣고 있자니 불쾌하기 짝이 없었소. 겉만 번지르르하고 내실은 없으니 원망만 많이 사더군(華而不實, 怨之所聚也). 배우기는 고사하고 오히려 재앙을 당할 것 같아 원래 계획을 접고 돌아온 것이오."

양처보

위의 '화이부실'에 나오는 양처보(?-B.C. 621년)는 춘추시대 진나라의 대부로 진 문공 9년(628)에 양지陽地(현재의 산서성 태곡현太谷縣 양읍촌陽邑村)에 봉해졌기 때문에 양을 성으로 삼았다. 초나라의 두장斗章과 진나라의 양처보는 각각 상대방의 나라로 가서 외교를 하여 초나라와 진나라는 정상적인 외교 관계를 유지할 수 있었다.

진 양공 원년에 양처보는 군사를 이끌고 채국蔡國을 공격하자 초나라는 영윤 자상子上에게 군대를 주고 채국을 구하라고 파견하니 양측 군대는 대치 상태가 되었다. 대치기간이 길어지고 진나라의 군량이 바닥나자 양처보는 군사를 퇴각시키고자 하였다. 그러나 퇴병시에 초군이 습격할까 겁도 나고 또 퇴각 후에 사람들의 웃음거리가 될까 봐 겁이 나서 계책을 하나 내었다. 그는 초나라의 진영으로 사자를 보내 담판을 하였다.

"만일 우리 진나라와 결전을 하고자 한다면 우리 측이 일 사舍(사는 30리를 말함)를 물러서겠으니 당신들이 강을 건너 진을 치면 결전을 합시다. 만일 강을 건너고 싶지 않다면 우리에게 일 사를 양보하여 우리가 강을 건너 진을 치게 해주시오. 그렇지 않고 이렇게 대치만 하고 있는 것은 쓸데없는 군량만 축내고 병사들을 피곤하게 할 뿐이니 아무한테도 이

진중시 부근의 유적지

득이 없소."

영윤 자상은 강을 건너 진을 치고 싶어 수행한 손백에게 말했다.

"강을 건너고 싶지만 진나라 사람들은 신용을 지키지 않으니 만일 강을 건너는 중 공격하면 우리만 손해볼 것이 아닌가? 차라리 그들에게 강을 건너라고 하자."

이리하여 자상은 초군에게 1사를 퇴군하도록 명령하여 진나라 군대가 강을 건너도록 하였다. 그러나 양처보는 초나라 군대가 퇴각하는 것을 기다렸다가 일부러 "초나라 군대가 우리 진군과 결전을 피하려고 도망간다"고 소리지르면서 퇴병하는 것을 추격하였다. 양처보는 초나라 태자와 자상이 서로 앙숙인 것을 알고는 이 퇴군 사실을 태자에게 고하도록 하였다. "자상이 진나라의 뇌물을 받아먹고 퇴각한 것입니다"고 거짓으로 보고하도록 하였다.

태자는 이 일을 초 성왕에게 고하였고 성왕은 진상을 파악하지도 않고 자상을 죽였다.

같은 해에 진秦나라 장군 맹명시孟明視 등이 진나라 국경을 넘어 정鄭나라를 토벌할 때 진군에게 붙잡혔다. 진 양공은 이들 장군을 풀어주고는 후회했다. 그래서 양처보를 파견하여 추격하도록 하였다. 양처보는 급히 황하까지 추격하였지만 맹명시 일행이 마침 배를 타고 건너는 것을 보게 되었다. 양처보는 이 배를 따라 잡을 수 없다고 생각하고는 일부러 자신이 타고 있던 말을 풀어 진 양공이 맹명시에게 보내는 선물이라고 속이고 장군들에게 강으로 올라와 받으라고 하였다. 맹명시는 마음으로 조심하면서 배 위에 서서 감사를 표시하고 강으로 올라가지는 않았다. 이리되자 양처보의 잔꾀는 통할 수가 없었다.

진 양공 7년(621)에 진나라는 군대편제를 감행하여 호사고狐射姑를 중군장에, 조순趙盾을 부사에 임명하여 남방을 정복하도록 하였다. 양처보는 조순이 재능이 있으니 그를 중용하면 국가에 유리할 것이고, 또 자신이 일찍이 조순의 아버지 조쇠趙衰의 부하였기 때문에 마음으로 조순을 편애하였다. 그래서 사사로이 양공의 명의로 조순에게 중군을 통솔하게 하고 호사고는 부장으로 삼았다. 호사고는 양처보 때문에 조순에게 중군의 장군직을 빼앗긴 것에 대해 앙심을 품고 있었다. 그해 진 양공이 죽자 호사고는 제왕의 자리 다툼의 혼란함을 틈타서 양처보를 죽였다. 양처보가 죽은 후

▲공상희 고거
▼공상희 저택의 패문

구룡산(지금의 흔주시라는 설과 화순현이라는 설이 있다)에 장사지냈다.

진晉나라 역사에 끊임없이 등장하는 조순 일가에 관해 호사고는 "조쇠는 겨울날의 해와 같고, 조순은 여름날의 해와 같다"고 조순과 그의 아버지 조쇠를 평한 적이 있다. 두예杜預는 이에 관해 주를 달기를 "겨울해는 사랑스럽지만 여름해는 무섭다"고 하였다. 조순의 평가가 사람들마다 모두 다르다.

양처보와 공상희의 고향

태곡현太谷縣은 춘추 시기 진나라 대부 양처보의 봉지로 서한시대에 양읍현을 설치하였고, 수나라 개황 18년(598)에 지금의 태곡현으로 이름을 바꾸었으며 명청 이전까지는 줄곧 태원부의 관할이었다. 태곡은 태항산의 깊은 계곡이라는 의미다.

태곡현은 산서성 중부의 진중晉中에 위치하고 있으며 성도인 태원과는 60km 거리에 있다. 기현祁縣·평요와 함께 진상晉商들의 고향으로 아직도 많은 고택들이 보존되어 있다. 태곡성내에는 8천여 채의 옛가옥들과 150여 채의 사합원이 보존되어 있다.

조가대원曹家大院과 공상희의 고택이 대표적이다. 공상

희는 이곳 출신으로 장개석과는 동서지간으로 장개석의

아내 송미령의 큰언니 송애령宋靄齡이 공상희의 아내다.

공상희는 20세기 중반 중국의 정치와 경제를 주무른 4

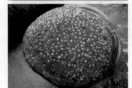

대가족 중의 하나다. 4대가족이란 장개석 가문, 송씨 세

자매의 아버지인 송자문宋子文 가문, 산서성의 대부호 공

상희 가문, 진입부陳立夫 가문을 말한다. 이들을 말할 때

태곡병

장씨네의 천하, 진씨네의 당黨, 송씨네의 세 자매, 공씨

네의 재산이라고 말한다. 태곡은 거상들이 운집했던

곳으로 산서의 금융과 상업이 번성한 곳으로 '소북경'

이라고도 불린다.

태곡의 특산품은 태곡병太谷餅이라는 과자와 호병조

壺瓶棗라는 대추가 유명하다. 태곡병은 구운 빵으로 위

에는 참깨가 뿌려져 있다. 명말청초부터 있었다는 가

호병조 상품

게들이 아직도 이 태곡병을 팔고 있으며 제품화해서 팔기도

하는데 이곳에 오는 관광객은 꼭 사는 필수품이다. 호병조

는 대추 모양인데 위는 작고 밑은 크며 중간쯤이 약간 들어

간 모양이 마치 호리병을 닮았다 하여 붙여진 이름이다. 태

곡은 그래서 '중국 대추의 고향' 이란 명칭도 있다. 태곡에

가면 꼭 태곡병과 호병조를 드시길… 대추 보고 안 먹으면

늙는다는 한국 속담도 있으니 말이다.

해주의 관제묘를 찾아서
—단도부회

單刀赴會

칼 한 자루를 들고 모임에 나간다는 뜻으로, 여기서 모임이란 매우
위험한 자리를 가리킨다.

單 : 홀 　**단**
刀 : 칼 　**도**
赴 : 다다를 　**부**
會 : 모일 　**회**

　　'단도부회'라는 말은 《삼국지 · 오서 · 노숙전》에 "노숙이
관우를 초대하고 각각 병마는 백보 밖에 주둔시키고 장군만
혼자 칼을 들고 연회에 오도록 청하였다"는 말에서 기인한
다. 원래는 관우가 한 자루의 칼과 몇 명의 수행원들만 연회
에 참석하는 것을 가리켰으나 후에는 한 사람이 위험을 무
릅쓰고 약속장소에 나가는 것을 말하게 되었다. 연회에 참
석하는 자의 지략과 담략을 칭찬하는 말로 쓰인다.

　　이에 관한 자세한 내용은 이렇다.

　　215년 유비가 익주를 통치하게 되자 강남 사군의 귀속이
중대한 현안으로 대두되었다. 손권 측에서 보면 이곳은 유
비에게 빌려준 땅이었다. 즉, 유비가 공안公安에 본거지를
둘 무렵 "지금의 영지가 좁다"고 해서 사군을 빌려주었다.

그런데 유비가 이제는 넓은 익주를 통치하게 되었으니 사군을 돌려받는 게 당연하다는 입장이었다. 그래서 손권은 제갈근에게 유비에게서 형주를 찾아오도록 하였다. 그런데 유비는 당시 영지가 좁아서 미리 양해를 구하였으니 사군은 빌린 것이 아니라 받은 것이라고 하며 돌려줄 생각을 하지 않았다.

단도회에 나가고 있는
관우의 모습

이에 손권은 몹시 화가 나서 여몽에게 군대를 주어 장사長沙·영릉零陵·계양桂陽 삼군을 공격하도록 하니 장사와 계양의 장군들이 모두 투항하였다. 유비가 이를 알고는 친히 성도成都에서 공안으로 달려가 대장군 관우를 파견하여 다시 삼군을 뺏어오도록 하였다. 손권 역시 육구陸口에 진을 치고 노숙을 파견하여 익양益陽에 주둔하고 관우를 막도록 하였다.

이렇게 쌍방이 전쟁을 하게 되자 손권과 유비의 연맹이 깨질 위기에 놓였다. 연맹이 깨지면 조조에게만 유리할 뿐이었다. 그래서 관우와 노숙은 상대와의 거리만을 확보하고 가능하면 전쟁을 피하려고 했다. 노숙은 일찍부터 유비와 연대해야 한다는 논리를 가지고 있던 인물이었다. 관우 역시 손권과의 전쟁을 피해야 한다는 제갈량의 방침을 고수했다. 비록 두 사람은 주군의 뜻에 따라 대결하게 되었지만 서

운성시 주변의 명승고적

로 싸우게 되면 조조에게만 도움이 될 뿐이라는 공통인식을 갖고 있었다.

이에 노숙이 관우를 영접하여 영지 문제 해결을 위한 교섭이 이루어졌다. 쌍방이 어떻게 회담에 임할 것인지 사전에 정해놓은 바대로 관우는 칼 한 자루만 지니고 수행원 몇 명만 대동하고 나머지 군사들은 100걸음 뒤로 물러나서 기다리기로 했다.

먼저 노숙이 입을 열었다.

"유비님이 우리에게 빌려 가신 땅 문제가 미해결 상태로 남아 있습니다. 그 땅을 이제 반환하시는 게 어떻습니까?"

관우가 대답했다.

"적벽대전에서 우리 장군께서 몸소 전장에 나가 당신들과 협력하여 적을 무찔렀습니다. 그러나 공연히 고생만 하고 조금의 땅도 얻지 못했습니다. 도대체 이게 말이나 되는 일입니까?"

노숙이 반론을 폈다.

"당시 유비님은 싸움에서 패하여 재기조차도 불투명한 상황이었습니다. 그런 처지를 동정해서 우리가 땅을 빌려주었던 것입니다. 지금 유비님이 익주를 손에 넣었으니 예전의 그 땅은 반환해야 마땅합니다. 우리 쪽에서 삼군만이라도 돌려달라고 양보했는데도 계속 무시하고 계시니…."

노숙이 이야기를 계속하자 관우를 따라왔던 수행원 하나가 입을 열었다.

"땅은 덕이 있는 자가 차지해야 하는 법입니다. 원래 누구의 것이라고 정해진 것이 아니지요."

노숙이 그 남자를 질책하자 분위기가 다소 험악해졌다. 그러자 관우가 칼을 들고 일어섰다.

"지금 이야기하고 있는 것은 나라의 큰 문제요. 이 자는 지금 그런 일을 잘 모르고 하는 이야기요."

그렇게 말한 관우는 눈짓을 해서 수행원을 자신의 뒤에 서도록 했다.

회담은 양측 진영에 아무런 결과를 가져다주지 못하고 관우가 주둔하고 있는 형주성에서 다시 열기로 하고 관우는 되돌아갔다.

그러나 애석하게도 노숙은 그로부터 2년 후인 217년에 46세의 나이로 운명했다. 역사에 '만약'이 있어 그가 2,3년만 더 살았더라도 관우가 손권 측에게 죽임을 당하는 허무한 일은 일어나지 않았을 것이며 삼국의 역사도 다르게 전개되었을 것이다.

형주의 사군 귀속 문제는 '단도회' 직후 조조의 한중 침공이라는 사태가 발생하면서 전격 해결되었다. 유비가 형주에 집착하게 되면 익주가 위험에 빠지기 때문이다. 유비는 익주로 돌아가기 위해 손권과 강화를 맺었고 결국에는 삼군을 반환하는 타협안에 동의할 수밖에 없었다. 이런 역사적 사실이 소설가와 극작가들의 손을 거쳐 더욱 재미있는 이야기가 되었다.

원나라 때 희곡가 관한경關漢卿이 《관대왕단도부회關大王單刀赴會》라는 작품을 써서 더욱 널리 퍼지게 되었다. 이 작품은 촉나라를 존경하고 오나라를 폄하하는 입장에서 출발하였기 때문에 사실과는 차이가 있다.

관우와 그의 고향

《삼국지 관우전》에 보면 "관우는 자가 운장이며 본래의 자는 장생이고 하동河東 해주解州 사람이다"라고 되어 있다. 해주는 산서성 남부의 운성에 있다. 이곳은 고대에는 하동 지역이었다. 중국문명의 젖줄인 황하는 내몽골 고원을 거쳐 섬서성과 산서성을 가르며 Z형태로 중국내륙을 흐르고 있다. Z의 밑에 구부러진 부분에 해당하는 곳이 바로 황하 동쪽이라는 뜻인 하동으로 지금의 운성이다. 이 지역은 당시 사회의 정치와 경제 문화중심지였다.

해주묘에 안치된 관우상
왼쪽이 주창이고 오른쪽은
관평이다.

관우(160~219)는 현재의 산서성 운성시 상평향 상평촌 사람이다. 그는 어려서부터 《좌씨춘추》 등 유가경전을 즐겨 읽었다. 후에 유비·장비와 함께 도원결의를 맺고 유비를 도와 한왕실을 도왔다. 이후 여러 해 동안 동탁, 원소, 여포, 조조 등과 결전을 벌여 여러 차례 전공을 세우고 위·촉·오 삼국의 정립 정권을 실현시켰으나 후에 형주에서 패배하여 맥성으로 갔다가 비장한 죽음을 맞이하였다. 촉한 승상 제갈량은 관우를 "하나밖에 없는 출중한 인물"이란 뜻인 '절륜일군絶倫逸群' 이라고 평가하였다.

관우는 서기 219년에 죽은 것으로 기재되었지만 사실 생몰연대는 확실치가 않다. 그가 죽던 해 유비는 58세였다. '도원결의' 에 의하면 관우는 유비보다 어렸다고 하니 59세를 넘지는 않았을 것이다. 그러나 '삼국연의' 가 소설이기 때문에 역사적으로는 확실치가 않다.

해주解州의 지방관리였던 주단朱旦의 〈관후조묘비기關侯祖墓
碑記〉에는 160년에 태어났다고 되어 있는데 그렇다면 관우는
160년에 태어나서 219년에 60세로 죽었으니 유비보다는 한
살이 많게 된다. 오히려 나이로 치자면 관우가 형님이 된다.

관우의 가계에 대해서는 사적에 기록된 것이 없다. 전해
지기로는 청대 강희연간에 해주에서 어떤 사람이 우물을 파
다가 관우 조상 묘의 묘비를 발견했는데 거기에 관우의 가
계가 적혀 있었다고 한다. 이를 토대로 해주의 지방관리였
던 주단이 〈관후조묘비기〉를 썼는데 거기에 조부의 이름은
관심關審, 아버지는 관의關毅라고 되어 있다.

관우하면 생각나는 것은 청룡언월도와 적토마다. 잠시
이 둘을 소개하고자 한다.

관제묘 안의 청룡언월도

청룡언월도靑龍偃月刀

《삼국연의》에서 관우가 사용한 무기는 청룡언월
도다. 관제묘의 조각상이나 벽화 및 연화, 희곡무대
에서 우리는 늘 이 청룡언월도를 보게 된다. 언월이
란 반달이란 뜻으로 이 칼의 칼날이 반달처럼 생겼
기 때문이며 칼 위에는 청룡이 주조되어서 이런 이
름이 붙었다. 이런 긴 칼자루의 대도는 당송시대에
이미 출현하여 의장용으로 사용되었으며 비전투용

이었다. 그래서 사람들은 관우가 이런 대도를 사용하지는 않았을 것이라고 한다. 한말삼국시대에 무장들이 사용하던 칼은 패도, 즉 차고 다니는 것으로 호신용이었다. '단도부회'의 칼 역시 패도였을 것이다. 《삼국지·관우전》에 관우가 여러 사람 앞에서 안량顔良을 참하는 장면이 나오는데 이것으로 보아 아마 관우가 사용했던 것은 검이라고 생각된다. 일반적으로 도刀는 한쪽에만 칼날이 있는 것이고 검劍은 양쪽에 칼날이 있는 것이다. 관우 당시 전쟁에서 사용하는 무기는 창, 극과 같은 손잡이가 긴 무기가 많고 검은 가볍고 짧은 것이었다. 만일 관우가 검을 들고 천군만마 속에서 길고 무거운 창이나 극과 대항한다면 감당하기 어려웠을 것이다. 그래서 관우가 사용한 것도 창이나 극같은 무기여야만 찌르고 수급을 베기에 수월했을 것이다.

적토마

삼국시대에는 명마가 세 필이 있었다. 하나는 조조의 절영絶影이고, 또 하나는 유비의 적로的盧고 또 하나는 여포의 적토마였다. 관우의 적토마는 바로 여포가 타던 적토마다. 당시에 "사람은 여포요, 말은 적토마다"라는 말이 있을 정도로 명마였다. 《삼국연의》에서는 여포의 부하가 적토마를 훔쳐 조조에게 헌상하였고 조조가 이를 관우에게 주었다고 한

다. 관우는 이 말을 타고 '단기로 천리길을 몰아' 유비를 찾아갔다. 그러나 이는 모두 허구에 불과하다. 여포는 198년에 조조에게 죽었고, 관우는 219년에 죽었으므로 그 시간은 21년이 경과한다. 이렇게만 따져도 적토마는 20여 살이 되는데 말의 수명은 일반적으로 십여 년이라고 한다. 전쟁통에서 죽지 않았다 하더라도 늙어죽었을 것이다. 충성과 용기의 대명사였던 관우를 사랑하는 후세인들이 허구일망정 영웅의 이미지를 위하여 그대로 믿고 싶은 마음에서 점점 더 확고한 믿음이 생기게 된 것 같다. 어쩌면 이런 것이 영웅을 존경하는 후인들의 마음의 표시이기도 할 것이다.

▲해주 관제묘 전경
▼해주 관제묘

해주의 관제묘

산서성의 역사와 명승고적을 둘러보는 길에 해주의 관제묘를 찾게 되었다. 해주解州는 현재 중국어로는 jiezhou라고 읽어야 하는데 이 지역에서는 xiezhou라고 한다. 우리 발음도 해주라고 하기 때문에 오히려 xiezhou라는 발음이 익숙하다.

관제묘는 관우를 모시는 사당이다. 중국에서는 예로부터 공자를 '문성文聖'으로 관우를 '무성武聖'으로 함께 존경하여 왔다. 그래서 중국 곳곳에 공자사당이 있는 것처럼 관우를 모신 '관제묘'가 도처에 있어 그 수를 헤아리기 어렵다. 중국 대륙은

관림(하남성 낙양)
손권이 조조에게 보낸 관우의 머리를 묻은 곳이다.

말할 것도 없고 대만에 있는 관제묘만도 300여 곳이 넘는다. 또 일본, 미국, 싱가폴 등 중국인이 있는 곳이면 관제묘가 있다고 해도 과언이 아니다. 한국에도 서울 동대문 근처에 동묘가 있는데 관우

관릉(호북성 당양)
동한 건안 24년(219)에 건립되었다고 역사에 기록되어 있다. 관우는 오나라 군대와의 교전에서 목숨을 잃었다. 오왕 손권은 관우의 머리는 낙양의 조조에게 보내고, 머리없는 시신은 제후의 예를 갖추어 당양에 묻어 주었다.

를 모시는 곳이다. 본래의 명칭은 동관왕묘東關王廟로 임진왜란 중인 1593년에 일본군에 의해서 파괴된 것을 명나라 신종이 친필 현판과 함께 건축자금을 지원하여 재건하였다고 하니 건축된 시기는 훨씬 그 이전일 것이다. 1599년부터 공사가 시작되어 1601년에 완공되었다고 한다. 중국의 수

많은 관제묘 중에서도 관우의 수급首級을 모신 하남성 낙양의 관림關林, 관우의 목이 없는 시신을 모신 호북성 당양當陽의 관릉關陵, 그리고 관우 고향인 해주의 관제묘가 특히 유명하다. 해주의 관제묘는 의관총이라고 한다.

중국의 무덤은 그 명칭으로 지위가 구분되는데 왕의 무덤은 능陵, 왕후王侯의 무덤은 총塚, 평민의 무덤은 분墳이라고 한다. 그리고 성인에게 붙이는 림林이 있다. 중국에서 이 림이 들어간 곳은 단 두 곳 뿐으로 문성과 무성 두 성인을 기리는 곳이다. 바로 공자를 기리는 산동성 곡부의 공림孔林과 낙양의 관공을 모시는 관림이다. 그러므로 공자 사당과 관우의 사당을 잘 살펴보면 중국인의 심성과 문화를 이해할 수 있다.

이번 기회에 대표적인 해주의 관제묘를 한번 살펴보고자 한다. 이곳의 관제묘가 워낙 유명하고 전통이 있기 때문에 이

해주 관제묘 평면도

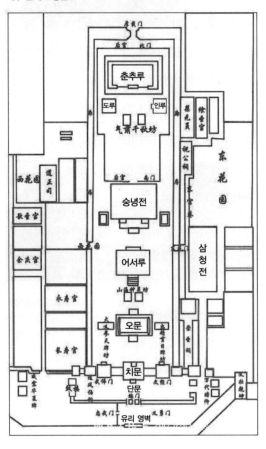

곳을 이해하고 나면 다른 관제묘를 관람할 때 많은 도움이
될 것이라고 생각된다.

해주가 관공의 고향인 까닭인지 관제묘는 수나라 때인
589년에 이미 지어졌다고 한다. 그후 송원명청을 거치면서
관우는 미화되고 신성시되어 왔다. 해주 관제묘는 여러 차
례 보수 중건되고 확장되어왔다. 현재 해주의 관제묘는 총
면적 7만 3천 제곱미터로 세계의 관제묘 중 면적이 가장 크
다. 전체는 세로 중추선을 중심으로 네 부분으로 되어 있는
데 문을 하나씩 들어가면서 살펴보기로 하겠다.

유리 영벽影壁

관제묘의 대문에 들어서기 전에 영벽이 마주한다. 영벽
은 조벽照壁이라고도 하는데 중국 전통 가옥인 사합원四合院
의 대문 맞은편에 건축하는 것으로 대문안팎의 잡다한 것을
가려주며 사악한 기운을 막는 작용을 한다. 사합원의 크기
와 집 주인의 신분에 따라서 영벽의 크기가 구별된다. 영벽
은 세 부분으로 나뉘는데 지붕은 둥근 기와, 중간은 장방형
으로 그 안에 복福, 재財, 홍鴻과 같은 글씨를 넣고, 아래에는
수미좌로 만든다. 또는 글자 대신에 기화요초나 상서로운
짐승으로 조각을 하기도 한다. 그 종류가 몹시 다양하다.

산서성의 유리 예술은 유구한 역사를 갖고 있으며 지금까

지 우수한 작품을 남기고 있는데 해주 관제묘는 산서성내의 유리제품이 집중된 곳의 하나다. 관제묘의 지붕은 거의 유리장식으로 덮여 있는데 대부분 명청 시대의 작품이다.

관제묘의 영벽은 용벽龍壁이라고도 한다. 너비 13미터, 높이 6미터로 아래는 수미식 기좌가 있으며 벽면 전체가 조각이고 위에는 기와지붕으로 장식되

관제묘 입구의 유리 영벽

어 있다. 기와와 아래 기단 이외에 모든 것이 유리로 상감되었다. 오채유를 사용하였는데 황색과 녹색 이외에 적색, 남색, 백색, 흑색 등이 있다. 벽화 문양은 용, 기린, 꽃이 위주고 커다란 모란화가 중앙에 있고 위에는 화염보주가 하나 있으며 좌우에는 두 마리 용이 구슬을 가지고 노는 모양이다. 그 밖으로는 두 마리 용이 고개를 서로 마주보고 있으며 위에는 두 마리 기린이 등과 다리를 오므리고 멀리 하늘을 바라보고 있다. 사방 주위에는 돌, 나무, 흐르는 구름, 화초, 무사, 신선, 동자, 나는 봉황, 선학, 사자, 맹호, 말 등이 각양각색의 포즈를 취하고 있다. 인물은 서있거나, 기도하거나, 누워있거나, 단잠을 자거나 모두 다른 모습으로 재미있게 표현되어 있다. 그런데 인물들의 머리가 많이 잘려나가 아쉽다. 동물들도 뛰거나, 먼 곳을 응시하고 있거나, 조용히 뭔가를 듣는 모습, 혹은 짖거나 날거나 하여 모두 다른 모습이다. 벽화의 장인이 이런 삼라만상에게 생명력을 부여하기 위하여 얼마나 심혈을 기울였는지를 짐작할 수 있다.

관제묘 안의 중수비문에 의거하면 명 가정 35년(1555)에 대지진이 일어나 훼손된 것을 곧바로 중건하였다고 한다. 현재 영벽 유색의 공예에 나타난 용, 기린, 화초 인물 등의 조형 풍격에 의해 분석해볼 때 이는 명 가정 후기의 건축양식임을 알 수 있다.

관제묘 단문

왼쪽에 '대의참천', 오른쪽
에 '정충관일'이라는 편액
이 있다.

단문端門

단문은 정묘正廟의 첫 번째 대문으로 위에 '관제묘'라 쓰여 있고 오른쪽에 '정충관일精忠貫日' 왼쪽에 '대의참천大義參天'이라는 편액이 있다. 편액 주위의 조각은 몹시 아름답고 두 마리 용이 춤을 추며, 인물들의 표정이 온화하고 선들이 유창하며 조형미가 있다. 단문 앞의 양측에는 거대한 철사자가 한쌍 있는데 중국 사당내에 있는 철사자 중에서 으뜸으로 꼽힌다. 그 양 옆에는 종고루가 마주보고 있다. 각각의 앞에는 목패방과 석패방이 있어 사당의 엄숙함을 연출하고 있다.

치문雉門

치문

치문은 두 번째 문이다. 앞뒤 기둥 밑의 돌 초석은 사자 몇 마리가 조각되어 있으며 그 위는 넓은 누다락 같이 되어 있다. 사당내의 건축 공예 중 가장 정교한 곳이다. 치문은 문의 역할 외에도 무대가 된다. 즉 평소에는 대문으로 열어 놓았다가 행사가 있을 때는 대문을 닫아걸면 누다락이 훌륭한 연극무대가 된다. 물론 관람석은 치문 밖이 아니라 그

안이다. 즉 치문을 들어와야 연극을 볼 수 있다. 무대의 깊이는 두 칸 정도 된다. 양측에는 각각 여덟 팔八자 모양의 유리벽이 있다. 치문 계단 양측의 돌 위에 목판을 얹어 놓고 그 위에서 배우들이 연기를 한다. 치문 양 모퉁이에는 문경文經門과 무위문武緯門이 있는데 이는 고대에 문무 관리들이 들어오던 통로다. 문 양측에는 또한 숭성사崇聖祠, 부장사部將祠, 호공사胡公祠 등이 있는데 이는 모두 관우와 관계된 인물들을 기념하기 위한 건축들이다.

오문午門

오문은 치문 뒤쪽에 있으며 사당으로 들어가는 세 번째 문이다. 오문은 본래 황실궁전에 설치하는 정문으로 일반적인 사당에는 설치되지 않는다.

북경 자금성의 오문의 역할은 황제의 조서를 반포하거나 입춘이나 단오, 중양절 때 명절음식을 하사하던 곳이다. 이 관제묘에 오문이 건설된 것은 명대 신종 황제가 관우를 '협천대제協天大帝'에 봉하였기 때문에 이런 이유로 후에 증설되었다. 신종은 관우를 무척 존경했던 것 같다. 우리나라 동묘도 신종이 친필 현판을 내렸다고 하는데 중국의 관제묘도 신종 재임시기인 만력 연간

오문

에 중수된 곳이 많다. 신종은 열 살에 황위에 올랐지만 후에 탐욕스런 황제가 되었고 명나라를 멸망하는데 일조를 한 황제다. 북경 '명 13릉' 중에서 제일 먼저 발굴한 정릉 定陵이 바로 신종의 능묘인데 3천여 점의 부장품이 발굴되어 다시 한 번 신종의 탐욕을 확인시켜 주었다. 이 정릉은 신종 자신이 생전에 계획하였다고 한다. 해주 관제묘의 오문은 청 광서 연간에 화재로 훼손되었다가 1920년에 중건되었다. 주위에는 조각이 아름다운 돌 난간이 있는데 총체적인 면모는 명대 풍이다.

어서루 御書樓

어서루는 오문의 앞 모퉁이에 있는데 원래 명칭은 팔괘루 八卦樓였다. 청대 강희황제가 1703년에 이곳을 참배한 것을 기념하기 위해 만든 것이다. 1762년에 강희 황제는 '의병건곤義炳乾坤'이라는 편액을 이곳에 하사하였으므로 이름이 어서루가 되었다. 누각의 외형은 몹시 아름답고 청대 풍격을 지니고 있다. 이곳도 축제가 있을 때는 연극무대로 사용할 수 있다.

건물은 몹시 아름다운 조각들로 가득하다. 모란, 용, 기린, 사자, 원숭이, 기화요초 등이 있는가 하면 《서유기》 속에 나오는 그림도 있다. 후왕이 맨발에 도포를 입고 두 마리 어린 원숭이에게 활쏘는 법을 가르치고 있으며 그 옆에는 또 한 마리 원숭이가 굴렁쇠를 갖고 노는 모습이 있어 이런 모습을 하나 하나 살펴보는 것도 몹시 재미있다.

어서루 2층 처마 밑에는 건륭황제가 하사한 '어서루'라는 편액이 걸려 있다. 아래층에는 '만대첨앙萬代瞻仰'이라는 아주 힘찬 글씨가 있는데 이는 서예가 공호龔浩가 쓴 것이다. 어서루 뒤편에는 '절륜일군'이라는 편액이 걸려 있는데 이는 제갈량이 관우를 평가한 글이다. 이 글은 관제묘를 증수할 때 해주 수령이었던 언여사言如泗의 글씨로 운필이 민활하며 기운이 넘친다.

▲숭녕전
▼신용
건륭황제의 친필이라고 한다

숭녕전崇寧殿

숭년전은 관제묘의 주 정전으로 송대 휘종이 관우를 '숭녕진군崇寧眞君'에 봉하였기 때문에 이런 명칭이 있게 되었다.

정전 앞에는 청동으로 만든 향로와 젯상이 있다. 정전은 26개의 거대한 용을 조각한 돌기둥이 받치고 있다. 기둥은 여러 가지 형태의 용과 상서로운 물건들을 조각하였다. 그 아름다움이나 수량에 있어서 중국 사당 안에

종루

관우가 춘추를 읽고 있는
모습. 얼굴은 역시 붉은 대
춧빛이다.

서 유일무이하다. 지붕은 모두 황록색
유리 기와를 얹었으며 지붕 꼭대기에
는 팔선八仙 조각이 있다. 지붕 양측의
웅건한 용모양의 치미(幽尾:망새를 말함.
중국식 전통 주택 용마루 양쪽 끝의 장식물로 초
기에는 솔개 꼬리의 형상을 하고 있었으므로 이
런 이름이 붙었음. 후에는 위를 향해 입을 벌리
는 모습으로 변천하였음)가 장관이다. 정전
안에도 다양한 조각품들이 있으며 정
중앙에 청대식의 작은 신감이 있고 그
안에 관우상이 안치되어 있다. 머리에
면류관을 쓰고 곤룡포를 입고 단정하
게 홀을 들고 있는데 그 모습이 몹시
위엄이 있다. 신감 위에는 강희의 친필
'의병건곤' 편액이 걸려 있고 문 위에는 청 함풍제의 친필
'만세인극萬歲人極' 편액이 걸려있다. 앞 처마에는 '신용神
勇'이란 편액이 걸려 있는데 이는 건륭황제의 친필이라고
한다. 정전 앞의 좌우에는 비각碑閣과 종루鐘樓가 있고 거대
한 향로와 철사자, 청룡언월도 등이 있어 관우의 위엄과 사
당의 장엄함을 드러내고 있다.

춘추루春秋樓

평소에 관우는 《춘추좌전春秋左傳》을 즐겨보았다고 한다. 그래서 수많은 관우 사당에는 '춘추루'가 있고 관우가 밤에 촛불에 의지해 《춘추》를 읽고 있는 좌상이 꼭 있다. 해주 관제묘에도 역시 춘추루가 있으며 이는 침궁으로 사당 내에서 가장 큰 건물이다. 역시 화려한 조각으로 장식되었으며 지붕은 유리기와다. 누각 안에는 신감이 있는데 그 안에는 관우가 두건을 쓰고 손으로는 긴 수염을 쓰다듬고 있는 좌상이 안치되어 있다. 신감 위에는 '위령진첩威靈震疊'이라는 편액이 있는데 편액 주위는 기린, 용봉, 모란 등이 조각되어 있다.

위층에는 관우가 《춘추》를 읽고 있는 좌상이 있으며 누각 안에는 《춘추》 전문이 새겨져 있다. 이런 형식은 다른 관제묘에서는 볼 수 없는 것이다.

누각에는 사방에 편액들이 걸려 있는데 가운데 층 처마 아래에는 청대의 호용광胡龍光이 쓴 '인경각麟經閣'이라는 편액이 있고 위층의 신감위에는 '충관천인忠貫天人'이라는 글씨가 있다.

도루刀樓 와 인루印樓

도루와 인루는 춘추루 앞의 동서 양측에 있다. 서쪽에 도

도루

루가 있고 동쪽에 인루가 있다.

도루는 소년이 거문고를 타고, 바둑을 두는 모습과 어린이와 닭과 공작이 노는 모습을 조각하였다. 인루에는 소년이 독서하고 그림 그리고 마작을 두고, 어린이가 북을 두드리고 나팔을 부는 모습이 조각되어 있다. 소년은 청의를 입고 있고 어린이는 벌거벗었거나 붉은 배두렁이만을 입고 있는데 그 형상들이 아주 생동적이고 마치 살아 있는 듯하다. 도루 안에는 목제 청룡언월도 모형이 있고, 인루 안에는 네모난 한수정후인漢壽亭侯印이라는 도장이 안치되어 있다.

결의원

결의원結義園

명대에 처음 건축되었다가 청대 1758년과 1762년에 증수되었다. 원래 명칭은 '연화지'였다가 후에 결의원으로 바뀌었다. 이곳에도 여러 작은 전각들이 있는데 그중에도 유비 관우 장비가 결의를 맹세하는 모습을 밀랍으로 조각하여 안치하고 있는 결의당이 독특하다. 제단에는 늘 오곡과 제물이 바쳐져 있다.

고사성어 문화답사기 2

2010년 5월 20일   초판 1쇄 발행
2011년 7월 25일   초판 2쇄 발행
2013년 12월 26일   초판 3쇄 발행

지은이   강영매
펴낸이   윤형두
펴낸데   종합출판 범우(주)

등록   2004. 1. 6. 제406-2004-000012호
주소   (413-756) 경기도 파주시 교하읍 문발리 출판단지 525-2
전화   031-955-6900~4
팩스   031-955-6905
홈페이지 http://www.bumwoosa.co.kr
이메일   bumwoosa@chol.com
ISBN   978-89-6365-030-2 03900

*값은 뒤표지에 있습니다.

이 도서의 국립중앙도서관 출판시 도서목록(CIP)은
e-CIP홈페이지(http://www.nl.go.kr/cip.php)에서 이용하실 수 있습니다.
(CIP제어번호 : CIP 2010001324)

산과 바다와 여행길에

범우문고

2,800 ~ 3,900원

범우문고는 환경보호를 위해
재생지를 사용하고 있습니다.

▶전국 서점에서 낱권으로 판매합니다
▶계속 출간됩니다